大阪《おおさか》をぐるぐる走る
ＪＲ《ジェイアール》大阪環状線《おおさかかんじょうせん》
大阪《おおさか》
京都の市街地を
くまなく走る、
市営《しえい》バス
京都
東京と日光・鬼怒川《きぬがわ》
方面をつなぐ、東武
鉄道のスペーシア
日光
都心を網《あみ》の目《め》のよう
に結ぶ地下鉄
東京
海沿《うみぞ》いを走る
江ノ島電鉄線《えのしまでんてつせん》
鎌倉《かまくら》

事前学習に役立つ

みんなの修学旅行

事前・事後 学習ガイド

小峰書店

目次

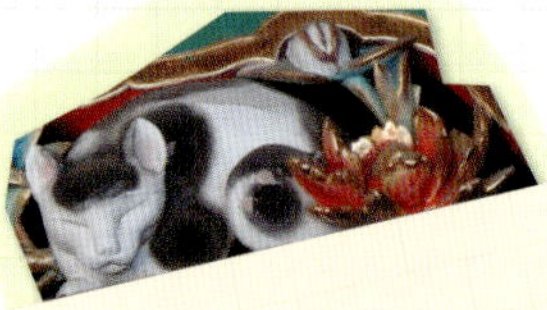

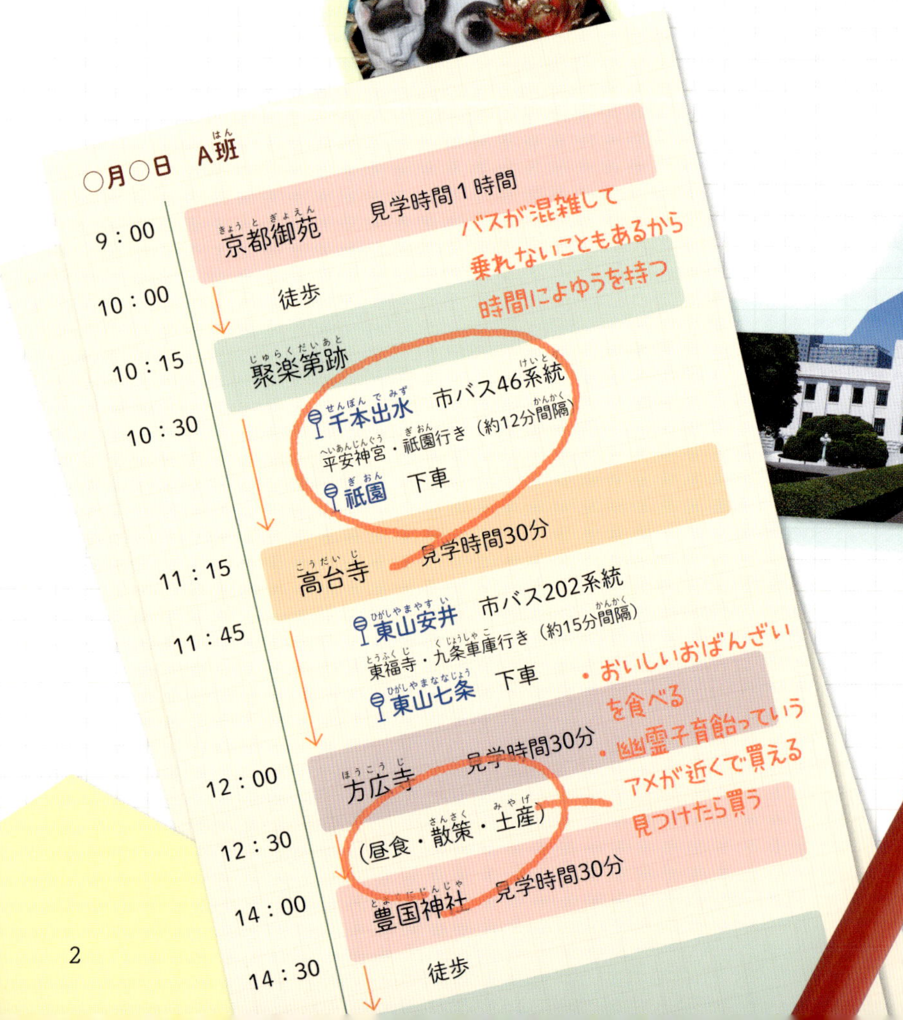

○月○日　A班《はん》
9：00
京都御苑《きょうとぎょえん》　見学時間１時間
10：00
徒歩
バスが混雑して
乗れないこともあるから
時間によゆうを持つ
10：15
聚楽第跡《じゅらくだいあと》
10：30
千本出水《せんぼんでみず》　市バス46系統《けいとう》
平安神宮《へいあんじんぐう》・祇園《ぎおん》行き（約12分間隔《かんかく》）
祇園《ぎおん》　下車
11：15
高台寺《こうだいじ》　見学時間30分
11：45
東山安井《ひがしやまやすい》　市バス202系統
東福寺《とうふくじ》・九条車庫《くじょうしゃこ》行き（約15分間隔《かんかく》）
東山七条《ひがしやまななじょう》　下車
・おいしいおばんざいを食べる
・幽霊子育飴っていうアメが近くで買える
見つけたら買う
12：00
方広寺《ほうこうじ》　見学時間30分
12：30
（昼食・散策《さんさく》・土産《みやげ》）
14：00
豊国神社　見学時間30分
14：30
徒歩

この本の見方

6～21ページでは、修学旅行《しゅうがくりょこう》を実りのあるものにするためのポイントを、旅行前・旅行中・旅行後のステップ別に解説《かいせつ》しています。具体例を見ながら、それぞれのステップでどのようなくふうや注意が必要か知ることができます。

P6～11 修学旅行《しゅうがくりょこう》の前に

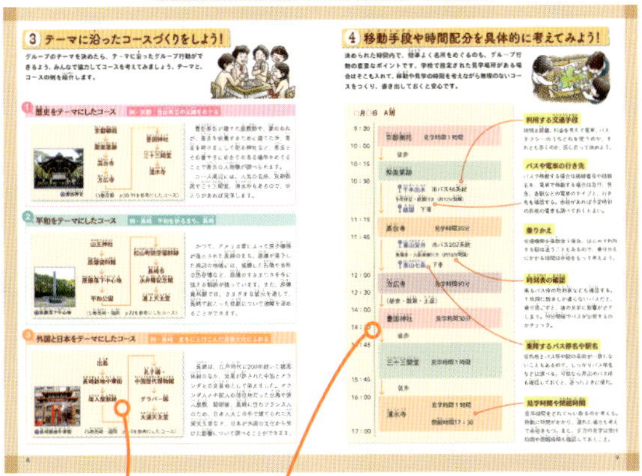

コースづくりの方法を、具体的なコース例やタイムスケジュールをもとに解説《かいせつ》!

P12～15 旅先で実践《じっせん》したい！ ポイントいろいろ

旅行中に注目したいポイントを、豊富《ほうふ》な写真とともに紹介《しょうかい》！

P16～21 修学旅行《しゅうがくりょこう》の思い出をまとめよう

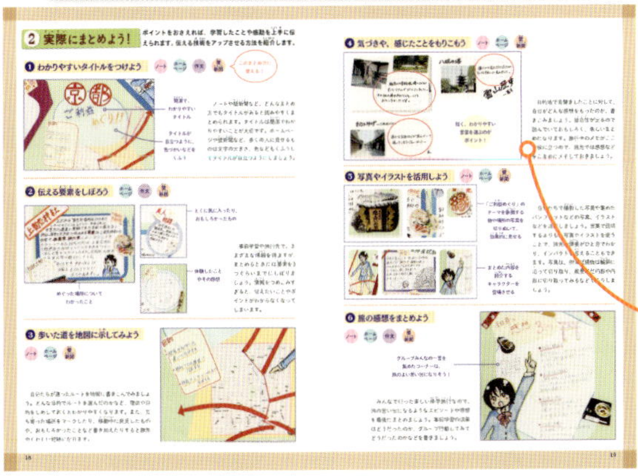

旅で体験したことを、伝わりやすくまとめるためのポイントを、作品例とともにくわしく解説《かいせつ》！

P22～37 旅の用語事典

下調べをするときに気になったことや、旅先にゆかりのある人物について調べるときに役立つ事典。事前・事後学習に役立てよう。

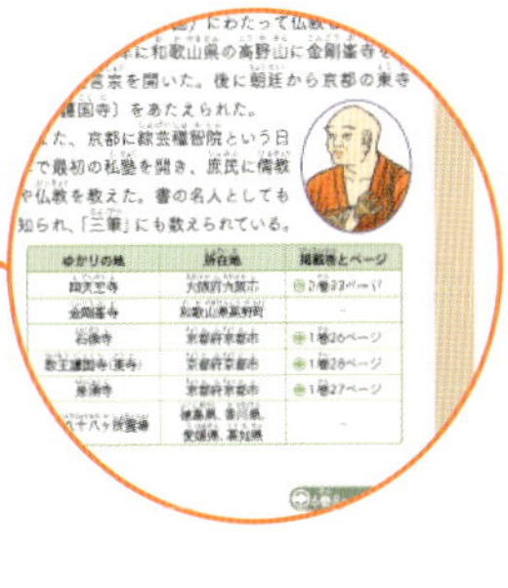

人物にゆかりの地などをまとめた表、写真も見て、知識《ちしき》をたくわえよう！

はじまりから終わりまで楽しもう！
「みんなの修学旅行《しゅうがくりょこう》」

旅行前の準備《じゅんび》から旅行後のまとめまで、「修学旅行《しゅうがくりょこう》」の流れを紹介《しょうかい》します。修学旅行《しゅうがくりょこう》を友だちとの楽しい思い出にしましょう！

旅行前は何をするの？

旅先のことを調べる

➡6ページへ

修学旅行《しゅうがくりょこう》では、ふだんはふれることのない物事にたくさん出あうことができます。旅行中の体験から、より多くのことを吸収《きゅうしゅう》するために、旅先はどのような場所なのか、調べておきましょう。事前に知識《ちしき》をたくわえておくことで、体験したことの意味をより深く理解《りかい》することができます。

はじめて見るもの、ふれるものに出あえる！

旅の楽しみはいろいろ！

旅先ならではの味を楽しむ

コースづくりをする

➡8ページへ

グループ行動など、自分たちで自由にコースを決めることができるのも楽しみの１つです。有意義《ゆういぎ》な修学旅行《しゅうがくりょこう》にするためにもグループのメンバーと学習のテーマを共有しながら、自主的《じしゅてき》に計画して、調べましょう。

みんなで協力して楽しいコースをつくろう！

旅行中のすごし方

修学旅行《しゅうがくりょこう》の日程《にってい》は学校によってさまざまです。どのように過《す》ごすのか２泊《はく》３日の場合を例に紹介《しょうかい》します。

1日目

○修学旅行先《しゅうがくりょこうさき》への移動《いどう》

学校や駅に集合して新幹線《しんかんせん》・飛行機などで移動《いどう》

○修学旅行地《しゅうがくりょこうち》で名所へ移動《いどう》

おもにバスで移動《いどう》し、クラス別に名所でガイドさんの話を聞いたり見学をしたりする。または名所の敷地内《しきちない》でのグループ行動。クラスで集合写真の撮影《さつえい》なども行われる。

○宿泊先《しゅくはくさき》に到着《とうちゃく》

宿泊先《しゅくはくさき》にて夕食後に夜間学習（伝《でん》統芸能《とうげいのう》の鑑賞《かんしょう》や寺院《じいん》の見学など）。

2日目

○グループ行動（終日または半日）

事前に計画を立てたコースをグループで行動する。昼食はグループで自由に食べたり、お土産《みやげ》なども購入《こうにゅう》する。多くの学校ではグループ行動のときは、主要な名所で先生の確認《かくにん》を受ける。計画通りに行動できているか、安全確認《あんぜんかくにん》などのため。

○宿泊先《しゅくはくさき》に到着《とうちゃく》

宿泊先《しゅくはくさき》にて夕食後に体験学習（伝《でん》統工芸《とうこうげい》の体験など）。

3日目

○クラス別またはグループ行動

クラス別で名所を見学したり、グループ行動ではタクシー観光をするところもある。タクシー観光ではガイドブックにはのらないかくれた人気スポットを訪《おとず》れたりする。またタクシー移動《いどう》であれば集合時間に間に合うように案内してくれるなどのメリットがある。

○修学旅行先《しゅうがくりょこうさき》からの帰路《きろ》

新幹線《しんかんせん》や飛行機などで移動《いどう》し、学校や駅などで解散《かいさん》。自宅《じたく》に着くまで気をつける。

➔ 12ページへ

体験したことをまとめる

旅の思い出や、学んだことをまとめます。学校によって壁新聞《かべしんぶん》や旅ノート、感想文など発表方法はさまざまですが、事前学習をふくめ、修学旅行《しゅうがくりょこう》で学んだこと、楽しかった思い出などをふりかえりながらまとめましょう。また、楽しい思い出が再現《さいげん》できるよう、いろいろなくふうをしましょう。

➔ 16ページへ

知ってる？　修学旅行《しゅうがくりょこう》のトリビア

きっかけは初詣《はつもう》で

修学旅行《しゅうがくりょこう》のはじまりは1875（明治8）年に下等８級生（今の小学1年生くらい）の初詣《はつもう》でです。その後「遠足」という形で校外学習の一環《いっかん》として、博覧会《はくらんかい》の見学などが行われるようになりました。

12日間の徒歩遠足

1886（明治19）年に行われた長途遠足《ちょうとえんそく》（修学旅行《しゅうがくりょこう》の前身）では99名の児童《じどう》が、東京から千葉県銚子《ちばけんちょうし》方面へ出かけました。しかし、その内容《ないよう》は鉄砲《てっぽう》をたずさえ、12日間をかけて徒歩で向かうという過酷《かこく》なものでした。これは、遠足の目的が軍の演習《えんしゅう》の見学だったためです。しかし、文化財《ぶんかざい》の見学などもありました。

春と秋に全校生徒で

修学旅行《しゅうがくりょこう》という名称《めいしょう》が使われはじめたのは1887（明治20）年からです。学校によっては、修学旅行《しゅうがくりょこう》に全校生徒で出かけ、春と秋の年２回行うこともありました。目的は、陸軍の演習見学《えんしゅうけんがく》がおもなもので、行き先には京都《きょうと》や大阪《おおさか》、敦賀《つるが》（福井県《ふくいけん》）などがありました。

お米をもって、修学旅行《しゅうがくりょこう》⁉

太平洋戦争《たいへいようせんそう》が1945（昭和20）年に終わると、翌年《よくとし》に一部の学校で修学旅行《しゅうがくりょこう》が再開《さいかい》されました。その中の１つ、群馬県立高崎商業学校《ぐんまけんりつたかさきしょうぎょうがっこう》（当時）は、食糧《しょくりょう》の米を生徒が持参《じさん》し、日光へ１泊《ぱく》２日の旅をしたといいます。物資《ぶっし》の少ない戦後の修学旅行《しゅうがくりょこう》ならではのできごとです。

修学旅行《しゅうがくりょこう》の前に

修学旅行《しゅうがくりょこう》は学習の一環《いっかん》です。訪《おとず》れる場所を通じて日本の歴史や文化などについて学びます。そのためにも計画をしっかり立て、事前準備《じぜんじゅんび》をしましょう。

1 旅先の特色をおさえよう!

まずは修学旅行先《しゅうがくりょこうさき》について調べてみましょう。どんな土地に行くのか、そこでは何が学べるのか？　このシリーズの1～6巻《かん》を参考《さんこう》にピックアップしてみましょう。

- 歴史
- 外国とのつながり
- 平和学習
- その他

京都《きょうと》

- 平安京《へいあんきょう》を中心に1000年以上も続く日本の都《みやこ》だった
- 国宝《こくほう》や文化財《ぶんかざい》などが2000件《けん》以上ある
- 伝統工芸品《でんとうこうげいひん》も多い
- 盆地《ぼんち》で夏と冬の温度差が大きい

沖縄《おきなわ》

- 九州《きゅうしゅう》から台湾《たいわん》の間につらなる列島《れっとう》
- 1年中暖《あたた》かく、亜熱帯《あねったい》ならではの動植物が生息している
- 琉球王国《りゅうきゅうおうこく》として500年も栄《さか》えていた時代があった
- 太平洋戦争《たいへいようせんそう》で地上戦が行われた

長崎《ながさき》

- 鎖国体制下《さこくたいせいか》で貿易《ぼうえき》が許《ゆる》された唯一《ゆいいつ》の場所
- 外国の食文化を取り入れた名物がたくさんある
- 太平洋戦争《たいへいようせんそう》では原子爆弾《げんしばくだん》が投下された場所
- 大きな被害《ひがい》を出した活火山《かつかざん》、雲仙岳《うんぜんだけ》がある

東京《とうきょう》

- 日本の首都《しゅと》で人口約1330万人の大都市《だいとし》
- 司法《しほう》、立法《りっぽう》、行政《ぎょうせい》の最高機関《さいこうきかん》がある
- 大企業《だいきぎょう》が集中していて、研究施設《けんきゅうしせつ》も多い
- 江戸幕府《えどばくふ》が開かれ、およそ260年の間、武士《ぶし》の都《みやこ》として栄えた

2 グループのテーマを決めよう！

訪《おとず》れる土地についてわかったら、グループで修学旅行《しゅうがくりょこう》を通じて学習したいテーマを決めましょう。「歴史《れきし》」「平和」「暮《く》らし」などさまざまなテーマがあります。自分たちがいちばん関心をもって学習できるものを下の例を参考にして見つけましょう。

歴史《れきし》

- 歴史上の人物にゆかりの深い場所をめぐる
- 世界遺産《せかいいさん》や文化財《ぶんかざい》をめぐる
- 関心のある時代やできごとにゆかりの深い場所をめぐる

平和

- 資料館《しりょうかん》などを見学する
- 防空壕《ぼうくうごう》や慰霊碑《いれいひ》などの戦争遺跡《せんそういせき》をめぐる
- 戦争体験者の話を聞く

暮《く》らし・福祉《ふくし》

- まちなみや民家の特徴《とくちょう》を調べる
- 民俗資料館《みんぞくしりょうかん》を見学する
- その土地の食べ物や特産物を楽しむ
- 地元の人と交流し、方言にふれる
- バリアフリーに対する取り組みを調べる

自然・環境《かんきょう》

- その土地の自然環境《しぜんかんきょう》や動植物を調べる
- その土地ならではの自然体験をする
- 動植物の保護活動《ほごかつどう》や環境問題《かんきょうもんだい》についての取り組みを調べる

伝統《でんとう》工芸《こうげい》

- 伝統工芸品《でんとうこうげいひん》の工房《こうぼう》を見学する
- 工芸品の製作《せいさく》を体験する
- その土地の伝統工《でんとうこう》芸品《げいひん》が展示《てんじ》された工芸館や美術館《びじゅつかん》などを見学する

外国と日本

- 日本に影響《えいきょう》をあたえた外国の文化や人物について、ゆかりの深い場所をめぐる
- 観光地を訪《おとず》れている外国人から、日本の魅力《みりょく》を聞く

3 テーマに沿《そ》ったコースづくりをしよう！

グループのテーマを決めたら、テーマに沿《そ》ったグループ行動ができるよう、みんなで協力してコースを考えてみましょう。テーマと、コースの例を紹介《しょうかい》します。

1 歴史《れきし》をテーマにしたコース

例・京都　豊臣秀吉《とよとみひでよし》の足跡《そくせき》をめぐる

▲豊国神社《とよくにじんじゃ》

京都御苑《きょうとぎょえん》
↓
聚楽第跡《じゅらくだいあと》
↓
高台寺《こうだいじ》
↓
方広寺《ほうこうじ》
↓
豊国神社《とよくにじんじゃ》
↓
三十三間堂《さんじゅうさんげんどう》
↓
清水寺《きよみずでら》

（1巻《かん》京都《きょうと》　p 30-31を参考にしたコース）

豊臣秀吉《とよとみひでよし》が建てた屋敷跡《やしきあと》や、妻《つま》のねねが、秀吉《ひでよし》を供養《くよう》するために建てた寺、秀《ひで》吉《よし》を神さまとして祀《まつ》る神社など、秀吉《ひでよし》とその妻《つま》や子にゆかりのある場所をめぐることで秀吉《ひでよし》の人物像《じんぶつぞう》が調べられます。

コース周辺には、人気の名所、京都御《きょうとぎょ》苑《えん》や三十三間堂《さんじゅうさんげんどう》、清水寺《きよみずでら》もあるので、ゆとりがあれば見学します。

2 平和をテーマにしたコース

例・長崎《ながさき》　平和を祈《いの》るまち、長崎《ながさき》

▲原爆落下中心地《げんばくらっかちゅうしんち》

山王神社《さんのうじんじゃ》
↓
長崎原爆資料館《ながさきげんばくしりょうかん》
↓
原爆落下中心地《げんばくらっかちゅうしんち》
↓
松山町防空壕群跡《まつやままちぼうくうごうぐんあと》
↓
平和公園
↓
長崎市《ながさきし》
永井隆記念館《ながいたかしきねんかん》
↓
浦上天主堂《うらかみてんしゅどう》

（5巻《かん》長崎《ながさき》・福岡《ふくおか》　p 22を参考にしたコース）

かつて、アメリカ軍によって原子爆弾《げんしばくだん》が落とされた長崎《ながさき》のまち。原爆《げんばく》が落下した周辺の地域《ちいき》には、被爆《ひばく》した石像《せきぞう》や当時の防空壕《ぼうくうごう》など、原爆《げんばく》のすさまじさを今に伝える戦争遺跡《せんそういせき》が残っています。また、長崎原爆資料館《ながさきげんばくしりょうかん》では、さまざまな展示《てんじ》を通して、長崎《ながさき》で起こった悲劇《ひげき》について理《り》解《かい》を深めることができます。

3 外国と日本をテーマにしたコース

例・長崎《ながさき》　まちにとけこんだ異国文化《いこくぶんか》にふれる

▲長崎新地中華街《ながさきしんちちゅうかがい》

出島《でじま》
↓
長崎新地中華街《ながさきしんちちゅうかがい》
↓
唐人屋敷跡《とうじんやしきあと》
↓
孔子廟《こうしびょう》・
中国歴代博物館《ちゅうごくれきだいはくぶつかん》
↓
グラバー園《えん》
↓
大浦天主堂《おおうらてんしゅどう》

（5巻《かん》長崎《ながさき》・福岡《ふくおか》　p 8-9を参考にしたコース）

長崎《ながさき》は、江戸時代《えどじだい》に200年続いた鎖国《さこく》体制《たいせい》のなか、交易《こうえき》が許《ゆる》された中国とオランダとの交易地《こうえきち》として栄えました。オランダ人と中国人の居住地《きょじゅうち》だった出島《でじま》や唐《とう》人屋敷《じんやしき》、開国後、長崎《ながさき》に住むフランス人のため、日本人大工《だいく》の手で建てられた大《おお》浦天主堂《うらてんしゅどう》など、日本が外国の文化から受けた影響《えいきょう》について調べることができます。

4 移動手段《いどうしゅだん》や時間配分を具体的に考えてみよう！

決められた時間内で、効率《こうりつ》よく名所をめぐるのも、グループ行動の重要なポイントです。学校で指定された見学場所がある場合はそこも入れて、移動《いどう》や見学の時間を考えながら無理のないコースをつくり、書き出しておくと安心です。

○月○日　A班《はん》

9：00
京都御苑《きょうとぎょえん》　見学時間1時間
10：00
↓ 徒歩
10：15
聚楽第跡《じゅらくだいあと》
10：30
↓ 千本出水《せんぼんでみず》　市バス46系統《けいとう》
平安神宮《へいあんじんぐう》・祇園《ぎおん》行き（約12分間隔《かんかく》）
祇園《ぎおん》　下車
11：15
高台寺《こうだいじ》　見学時間30分
11：45
↓ 東山安井《ひがしやまやすい》　市バス202系統《けいとう》
東福寺《とうふくじ》・九条車庫《くじょうしゃこ》行き（約15分間隔《かんかく》）
東山七条《ひがしやまななじょう》　下車
12：00
方広寺《ほうこうじ》　見学時間30分
12：30
↓ （昼食・散策《さんさく》・土産《みやげ》）
14：00
豊国神社《とよくにじんじゃ》　見学時間30分
14：30
↓ 徒歩
14：40
三十三間堂《さんじゅうさんげんどう》　見学時間1時間
15：40
↓ 徒歩
16：00
清水寺《きよみずでら》　見学時間1時間
閉館時間《へいかんじかん》17：30
17：00

利用する交通手段《こうつうしゅだん》

時間と距離《きょり》、料金を考えて電車、バス、タクシーのうちどれを使うのか、それとも歩くのか、話し合って決めよう。

バスや電車の行き先

バスで移動《いどう》する場合は路線番号や路線名を、電車で移動《いどう》する場合は急行、特急、各駅などの電車のタイプと、行き先を確認《かくにん》する。余裕《よゆう》があれば予定時刻《よていじこく》の前後の電車も調べておくとよい。

乗りかえ

交通機関を複数《ふくすう》使う場合、はじめて利用する駅は迷《まよ》うこともあるので、乗りかえにかかる時間は余裕《よゆう》をもって考えよう。

時刻表《じこくひょう》の確認《かくにん》

利用するバス停の時刻表《じこくひょう》なども確認《かくにん》する。1時間に数本しか通らないバスだと、乗り過《す》ごすと、後の見学に影響《えいきょう》が出てしまう。何分間隔《なんぷんかんかく》でバスが出発するのかチェックしておこう。

乗降《じょうこう》するバス停名や駅名

目的地とバス停や駅の名前が一致《いっち》しないこともあるので、しっかりバス停名などは調べる。可能《かのう》なら周辺のバス停も確認《かくにん》しておくと、迷《まよ》ったときに便利。

見学時間や閉館時間《へいかんじかん》

見学時間をどれぐらい取るのか考える。移動《いどう》に時間がかかり、遅《おく》れた場合も考えて余裕《よゆう》をもつ。また、夕方の見学は受付時間や閉館時間《へいかんじかん》も確認《かくにん》しておくこと。

下調べにはどんなポイントがある？

ここでは、修学旅行《しゅうがくりょこう》で訪《おとず》れる土地や名所について調べる方法と、交《こう》通手段《つうしゅだん》の調べ方を紹介《しょうかい》します。下調べはしっかりしておきましょう。

図書館の書籍《しょせき》、ガイドブック

近くの図書館や、図書室にある専門的《せんもんてき》な書籍《しょせき》で、名所の歴史や、時代背景《じだいはいけい》などをくわしく調べることができます。ほかにも、学校で配布《はいふ》される修学旅行《しゅうがくりょこう》のガイドブックはもちろん、書店にあるものも活用しましょう。修学旅行《しゅうがくりょこう》のテーマに沿《そ》って、事前学習をしっかりしておくと有意義《ゆういぎ》な修学旅行《しゅうがくりょこう》になります。

インターネット

名所や観光場所の情報《じょうほう》は市町村のホームページなどからも調べることができます。地図などプリントしておくと旅先で便利です。飲食店など、行ってみたい店は、営業時間《えいぎょうじかん》や定休日も調べておきましょう。

インターネットの情報《じょうほう》は正しく選択《せんたく》しないとまちがっていたり、情報《じょうほう》が古いこともあるので、気をつけて利用しましょう。

交通手段《こうつうしゅだん》の調べ方

旅先での乗りかえや交通手段《こうつうしゅだん》を調べるのに便利なのが、インターネットの「乗りかえ案内」です。バスや電車に乗り遅《おく》れたり、早く到着《とうちゃく》した場合も考えて、前後の時刻《じこく》も調べましょう。

また、電車やバスは市内など限《かぎ》られた範囲《はんい》であれば、１日中乗り放題になる、お得な「一日乗車券《いちにちじょうしゃけん》」もあるので確認《かくにん》しておきましょう。また、目的地への目印や、駅の出口、目印になる建物なども調べておくと道に迷《まよ》ったときに役立ちます。

交通手段《こうつうしゅだん》を利用するときに気をつけること

電車　出発時刻《しゅっぱつじこく》だけでなく、電車の行き先や乗りかえの駅、かかる時間なども確認《かくにん》しましょう。

バス　地域《ちいき》によってはバスの本数が少ないことや、時間帯で本数に差があることもあるので確認《かくにん》しましょう。

タクシー　地域《ちいき》によって初乗り料金などの設定《せってい》がちがいます。利用するときはしっかり金額《きんがく》を確認《かくにん》しましょう。

徒歩　移動距離《いどうきょり》が短ければ徒歩で移動《いどう》しましょう。歩くことで見つかる発見もあります。マナーは守りましょう。

旅の便利グッズ

たくさんの名所を訪《おとず》れて集めた資料《しりょう》やパンフレットの保管《ほかん》と、大切なことをメモするときなどに役立つ、便利なグッズを紹介《しょうかい》します。

クリアフォルダ

パンフレットやガイドブックなどを区別しておくのに便利。場所別、日《にっ》程別《ていべつ》などくふうして分けておこう。

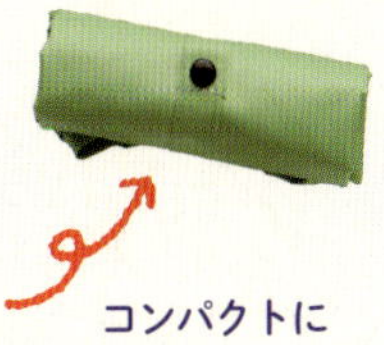

コンパクトに
持ち歩ける！

携帯用《けいたいよう》エコバッグ

お土産《みやげ》などで荷物が増《ふ》えたときに使う。ぬれてもいいようにナイロン製《せい》がおすすめ。

ふせん

ポケットサイズの厚紙《あつがみ》などに、いくつか貼《は》っておくとよい。メモしてガイドブックに貼《は》ることもできる。

雨のなかでも書けるメモ帳

（ライフアウトドアメモ／ライフ）

ぬれても文字が消えたり、破《やぶ》れたりしないので突然《とつぜん》の雨でも大丈夫《だいじょうぶ》。

雨のなかでも書けるペン

（パワータンク／三菱鉛筆）

ぬれているメモ帳にも書けるペン。雨のなかでも書けるメモ帳とセットで。

旅先で困《こま》りそうなことを考えておこう！

旅先で困《こま》ったことが起きても、前もって対処《たいしょ》法《ほう》を相談《そうだん》し、準備《じゅんび》しておけば安心です。

行き先や、季節によって必要なものはないか？

沖縄《おきなわ》なら日焼け止め、夏場の旅行や虫の多い場所に行くときは虫除《むしよ》けなど、学校に確認《かくにん》して持っていこう。

グループとはぐれたとき

ちがう方向の電車に乗った、お土産《みやげ》選びに夢中《むちゅう》になりはぐれたなどの場合は、「次の目的地で合流する」など、事前にグループ内でルールを決めておこう。

予定していた店が休み（臨時休業《りんじきゅうぎょう》）だったとき

お昼をここで食べようと決めていたのに、臨時休業《りんじきゅうぎょう》なんてことも！　そんなときのために、近くの店もいくつか調べておこう。

交通機関のダイヤが乱《みだ》れたとき

電車が遅《おく》れている、運休しているなど予定の交通機関が使えないときは交通手段《こうつうしゅだん》を変えたり、場合によっては見学地の変更《へんこう》をしたりすることも考えておこう。

予定時間通りに行動できそうにないとき

到着時間《とうちゃくじかん》が遅《おく》れそうなときは、思い切って見学場所を減《へ》らすことも必要。時間調整のための候補地《こうほち》を決めておこう。

災害時《さいがいじ》の避難場所《ひなんばしょ》

万が一のために、その地域《ちいき》で避難場所《ひなんばしょ》に指定されている公園などをチェックしておこう。

旅先で実践《じっせん》したい！ポイントいろいろ

旅先でやるべきことをしっかりおさえておきましょう。事前学習での下調べがいきた、充実《じゅうじつ》した修学旅行《しゅうがくりょこう》になります。

見学先

見学先では、美しい建物や景色《けしき》などをじっくり見て味わいたいもの。しかし、より深く理解《りかい》するために、実践《じっせん》したいことがほかにもあるのです。どんなポイントがあるのか、見てみましょう！

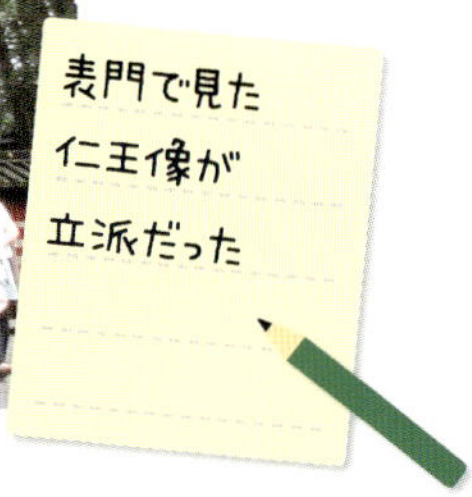

ポイント1 感じたことをメモしよう

事前学習で調べたこと以外に、実際《じっさい》に訪《おとず》れてわかったことや、感じたことなどはしっかりメモを取りましょう。現地《げんち》に行かなければわからないようなその場所の音や空気、匂《にお》い、感じたことなどは、自分だけの貴重《きちょう》な体験です。また、機会があれば地元の人から話を聞くなどして交流してみましょう。

ポイント2 石碑《せきひ》や立て看板《かんばん》をチェック

跡地《あとち》や記念として建てられた石碑《せきひ》や立て看板《かんばん》などもしっかりチェックしましょう。その名所についての歴史や背景《はいけい》、建てられた理由などがくわしく記されています。新たな発見もあるので、小さな石碑《せきひ》も見《み》逃《の》がさないように、現地《げんち》ではゆっくり時間をかけて見学しましょう。

ポイント3 観光地内の案内図を活用する

広い名所では案内図が役立ちます。今自分がいる場所や、目的地の場所、そこまでの距離《きょり》や行き方が確認《かくにん》できます。写真は京都の下鴨神社《しもがもじんじゃ》の境内図《けいだいず》です。

観光地のガイドから話を聞こう！

観光場所によっては、地元のボランティアの方がガイドをしていることがあり、本やガイドブックにはのっていない話をたくさん聞くことができます。また、地元の人だからこそ知っている、おいしい飲食店やお土産《みやげ》、ガイドブックにのっていない名所など、貴重《きちょう》な話が聞けるかもしれません。

ガイドは事前に予約できるところもあるので、調べてみましょう。

ポイント 4 スタンプを集めるのも楽しい！

お寺や神社、駅などには、スタンプが設置《せっち》されていることもあるので、チェックしておきましょう。スタンプノートを専用《せんよう》でつくるのもおすすめ。旅の思い出だけではなく、旅先のシンボルや、街の特徴《とくちょう》などがスタンプに刻《きざ》まれているので、歴史や文化を知ることができます。事後学習でもスタンプを使って楽しくまとめることができます。

ポイント 5 資料《しりょう》を持ち帰ろう！

旅先の観光案内所や見学先にあるチラシやパンフレットは、必ずもらっておきましょう。事後学習の資料《しりょう》として活用したり、切りぬいて発表物で見せるための素材《そざい》にもなります。切りぬいてしまうと、資料《しりょう》として活用できなくなることがあるので、可能《かのう》なら２部持ち帰りましょう。

ポイント 6 バリアフリー設備《せつび》をチェック！

観光地にはたくさんの人が訪《おとず》れます。小さな子どもからお年寄《としよ》り、体の不自由な人、外国の人などさまざまです。古い建造物《けんぞうぶつ》などは昔からの造《つく》りのまま保存《ほぞん》されていますが、だれでも見学できるように、バリアフリー設備《せつび》を設《もう》けるなどのくふうがみられる場所もあります。

見学地を訪《おとず》れたら、バリアフリー上のくふうを探《さが》してみましょう。車いすのためのスロープや、エレベーター、手すり、外国語の案内表示《ひょうじ》などに注目してみてください。

移動中《いどうちゅう》

目的地へ向かう途中《とちゅう》にもおもしろい発見がたくさん。移動中《いどうちゅう》に実践《じっせん》したいポイントをいくつか紹介《しょうかい》します。

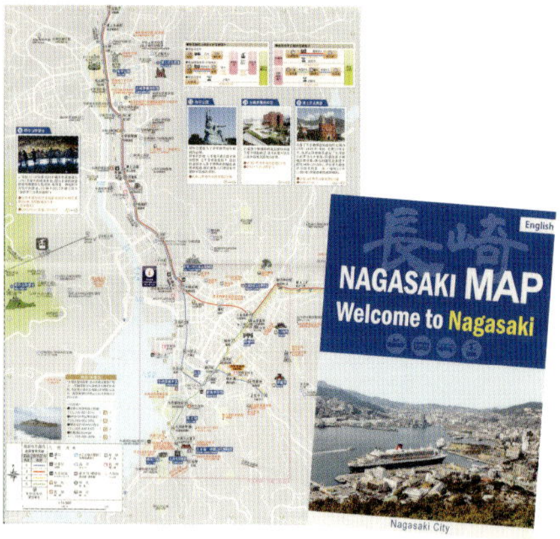

ポイント1 観光案内所でガイドマップをゲット!

駅のそばには観光案内所があります。そこで地元のガイドマップをもらいましょう。目的地までのくわしい地図のほかに、道に迷《まよ》ったときに目印になる建物や通りの名前などが書いてあります。お土産《みやげ》や飲食店の紹介《しょうかい》、バスや電車などの路線図など、役立つ情報《じょうほう》もたくさんあります。どんな道順で回ったのか、ガイドマップに記入しておくと、事後学習でふりかえるときに便利です。

ポイント2 旅先の乗り物に注目!

バスや電車、タクシーなども地域《ちいき》によって特徴《とくちょう》があるのでチェックしましょう。バスや電車に乗らなくても移動中《いどうちゅう》に見かけたら写真を撮《と》るなどして記録しておき、後で自分の土地の乗り物とくらべてみるのもいいでしょう。乗る機会があれば、車内の様子や、気づいたこと、自分の感想などをメモしておきましょう。

ポイント3 街中《まちなか》にあるものもチェック!

街中《まちなか》にある案内表示《ひょうじ》も確認《かくにん》しましょう。とくに道に迷《まよ》ったとき、方角はもちろん、現在《げんざい》地《ち》から名所までの距離《きょり》もわかりやすく表示《ひょうじ》されています。徒歩で移動《いどう》するときは道端《みちばた》にある石像《せきぞう》などにも足を止めて見てみましょう。名所でなくてもその土地について知ることができます。また、地域《ちいき》の特色をいかしたり、なじむようにデザインされたコンビニや看板《かんばん》もあるので、探《さが》してみましょう。

ポイント4 旅先にゆかりのあるものを発見

歩いて移動《いどう》しているとき、足もとや高い場所にも注目してみましょう。その土地を代表する花や木がデザインされたブロックや、ほかにもその土地の歴史《れきし》にちなんだ代表的な装飾《そうしょく》があるユニークな街灯《がいとう》などを発見することができます。何気ない街《まち》の風景に、その土地を深く知る手がかりがひそんでいるのです。写真は長崎市《ながさきし》の花、アジサイのモチーフがデザインされた歩道のブロック（左）と、長崎《ながさき》の祭り「長崎《ながさき》くんち」の「龍踊《じゃおど》り」に登場する龍《りゅう》をあしらった街灯《がいとう》（右）です。

昼食時

はじめて出あう味を体験するのも旅行の楽しみです。旅先で何を食べたいか、あらかじめ候補《こうほ》をあげておくのがおすすめです。

◀大阪《おおさか》の「粉もん」として知られるお好み焼き。

ポイント1 食べたものをチェック!

昼食やおやつに何を食べたのかメモをしましょう。使われている材料や見た目の特徴《とくちょう》、その食べ物がその土地で名物になったいわれなどを調べてみましょう。その地域《ちいき》でしかとれない食材を使っていたり、日本ではじめてつくられた料理であったりと、さまざまな理由で名物が誕生《たんじょう》しています。写真を撮《と》ったり、味の感想などもメモしておきましょう。

▲京都《きょうと》名物の湯どうふ。

◀長崎《ながさき》名物のちゃんぽん。

ポイント2 店の情報《じょうほう》を記録しよう!

昼食やおやつに食べたものの店の情報《じょうほう》をチェックしましょう。外観を撮影《さつえい》したり、店の人に産地や作り方などを質問《しつもん》してみましょう。店のチラシ、ショップカード、わりばしの袋《ふくろ》なども保管しておくと、事後学習のまとめに役立ちます。

写真を撮《と》るときは店の人にひと声かけて、許可《きょか》をもらってから撮影《さつえい》しましょう。

修学旅行《しゅうがくりょこう》の思い出をまとめよう

友だちといっしょに旅行先で体験したことは、貴重《きちょう》な思い出です。大切な思い出と感動を人に伝えるための方法やポイントを紹介《しょうかい》します。

1 まとめ方を決めよう！

まとめる方法はさまざまあります。目的にあったまとめ方をしましょう。グループのみんなと、または1人でどんなまとめ方をするのか決めましょう。

旅ノート

1人で盛《も》りだくさんの内容《ないよう》を伝えたいときにぴったり！

写真やチケットなど視覚《しかく》にうったえる資料《しりょう》を貼《は》ると、楽しい旅の思い出が伝わりやすい

感じたことや気がついたことを、一言そえる！

訪《おとず》れた場所の情報《じょうほう》など、旅行の日程《にってい》に合わせて細かくまとめることができるのが旅ノートです。個人製作《こじんせいさく》に向いています。たくさん書きこむことができるので、見学した時間や地元の人たちとの会話、天候など、細かい記録や、くわしく調べたことを盛《も》りこむことができます。修学旅行中《しゅうがくりょこうちゅう》に集めたパンフレットや観光ガイドを切りぬいて貼《は》りつけるのも効果的《こうかてき》です。表紙もくふうをして自分にしかつくれない旅ノートにしましょう。

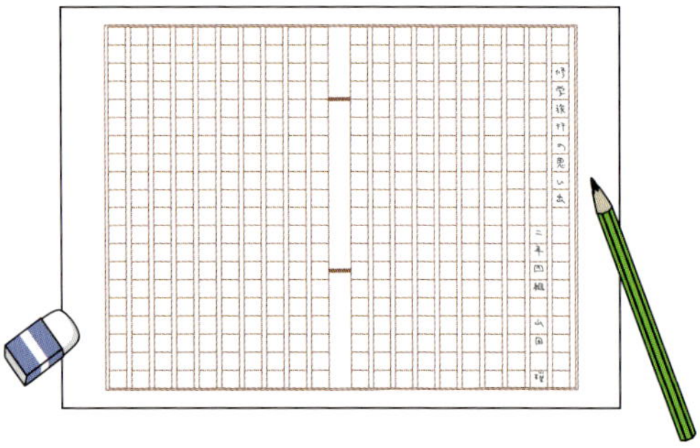

作文やレポート

感動を言葉でつづって伝える

作文にまとめる場合は、写真やイラストがないので、文章でていねいに表現《ひょうげん》することが大切です。事前学習でのテーマ決めや下調べの過程《かてい》、修学旅行先《しゅうがくりょこうさき》での発見や驚《おどろ》いたことなど、自分の感想を自由に書いてみましょう。

レポートの場合は、下調べと旅先で体験したことを比較《ひかく》した結果をまとめたり、年表や図表を使ったり、かじょう書きの手法を使うなどポイントをおさえて伝えることが大切です。どちらもクラスで文集などにすることができます。

壁新聞《かべしんぶん》　みんなで楽しくつくれる！

旅先で学んだことや体験したことを模造紙《もぞうし》にまとめます。壁新聞《かべしんぶん》は教室や廊下《ろうか》に貼《は》って発表することが多いので、文字の大きさ、写真やイラストの使い方などをくふうして、見やすくまとめる必要があります。色鉛筆《いろえんぴつ》やマスキングテープなどいろいろな文具を使い、見ても読んでも楽しい壁新聞《かべしんぶん》を作りましょう。グループで製作《せいさく》することが多いので、分担《ぶんたん》を決めてまとめましょう。

壁新聞《かべしんぶん》ならではの、写真やイラストを大きく使ったレイアウト！

目をひく、カラフルな色づかい！

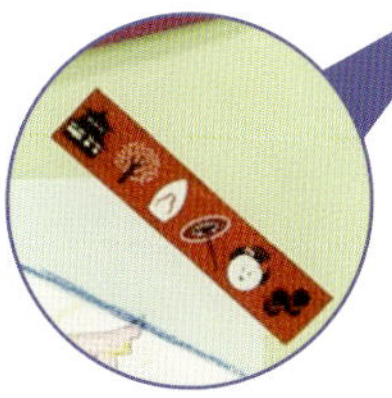

絵柄《えがら》が楽しい、マスキングテープ！

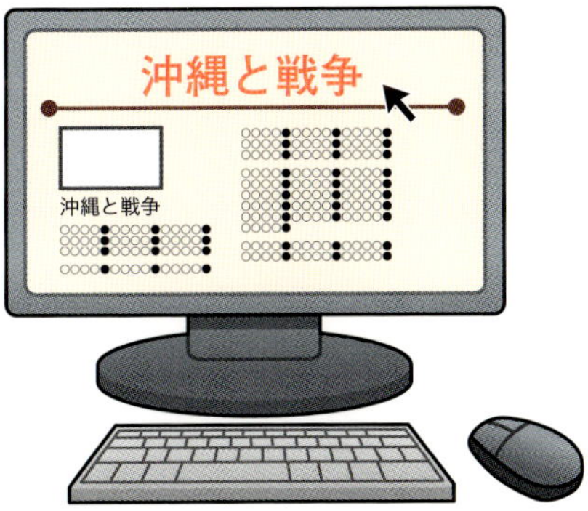

ホームページの作成　世界中の人に見てもらえる！

学習したことをまとめて、ホームページで発表する方法です。パソコンの知識《ちしき》が必要ですが、インターネットの特性《とくせい》をいかして、たくさんの写真や動画を入れたり、ソフトを使って簡単《かんたん》なイラストなども加えたりすることができます。また、製作《せいさく》した壁新聞《かべしんぶん》や作文をホームページで紹介《しょうかい》することもできます。

礼状《れいじょう》を書こう

修学旅行《しゅうがくりょこう》でお世話になった方へ感謝《かんしゃ》の気持ちを伝えましょう。礼状《れいじょう》を書くときに気をつけたいポイントは下の４つです。

①なるべく早く送る（2〜3日以内）

礼状《れいじょう》は時期を逃《のが》さないことが大切です。修学旅行《しゅうがくりょこう》からもどったらすぐに書きましょう。遅《おく》れたときはお詫《わ》びの言葉をそえましょう。

②正しい文章で書く

敬語《けいご》を使い、礼儀《れいぎ》正しい言葉で伝えましょう。「聞く」の敬語「伺《うかが》う」を「お伺《うかが》いになる」とするなど、二重《にじゅう》敬語《けいご》になってしまうことがあるので気をつけましょう。

③ハガキと封書《ふうしょ》の使い分け

簡単《かんたん》なお礼《れい》ならハガキでもよいのですが、内容《ないよう》を見られることもあるので、送る相手のことを考え、状況《じょうきょう》や内容《ないよう》によって使い分けましょう。

④気持ちをこめて書く

文例集の丸写しではなく自分の言葉で、感謝《かんしゃ》の気持ちをこめて書きましょう。ほかの用件《ようけん》や関係のないことは書かないようにします。

2 実際《じっさい》にまとめよう！

ポイントをおさえれば、学習したことや感動を上手《じょうず》に伝えられます。伝える技術《ぎじゅつ》をアップさせる方法を紹介《しょうかい》します。

❶ わかりやすいタイトルをつけよう

ノート　壁《かべ》新聞《しんぶん》　作文　ホームページ　このまとめ方に使える！

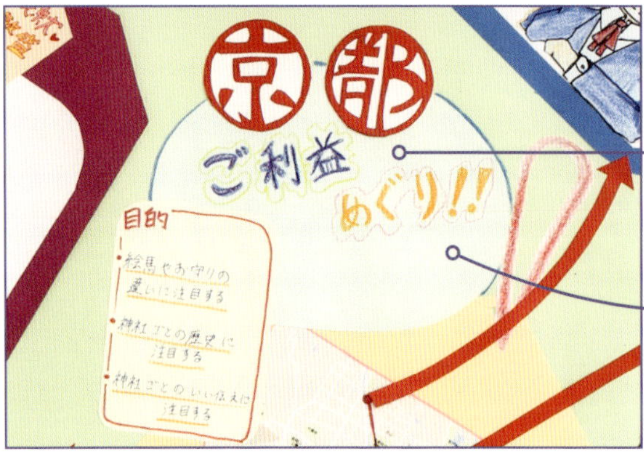

簡潔《かんけつ》で、わかりやすいタイトル

タイトルが目立つように、色づかいなどをくふう

ノートや壁新聞《かべしんぶん》など、どんなまとめ方でもタイトルがあると読みやすくまとめられます。タイトルは簡潔《かんけつ》でわかりやすいことが大切です。ホームページや壁新聞《かべしんぶん》など、多くの人に見せるものは文字の大きさ、色などもくふうしてタイトルが目立つようにしましょう。

❷ 伝える要素《ようそ》をしぼろう

作文　壁《かべ》新聞《しんぶん》　ホームページ

めぐった場所についてわかったこと

とくに気に入ったり、おもしろかったもの

体験したことやその感想

事前学習や旅行先で、さまざまな情報《じょうほう》を得ますが、まとめるときには要素《ようそ》を3つぐらいまでにしぼりましょう。情報《じょうほう》をつめこみすぎると、伝えたいことやポイントがわからなくなってしまいます。

❸ 歩いた道を地図に示《しめ》してみよう

ノート　壁《かべ》新聞《しんぶん》　ホームページ

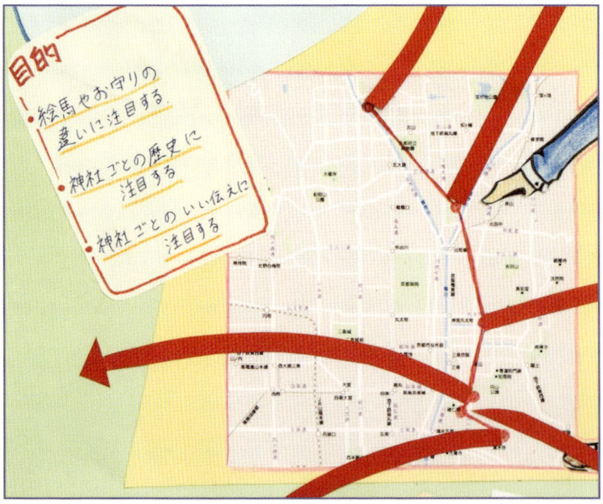

自分たちが通ったルートを地図に書きこんでみましょう。どんな目的でルートを選んだのかなど、理由や目的をしめしておくとわかりやすくなります。また、立ち寄《よ》った場所をマークしたり、移動中《いどうちゅう》に発見したものや、おもしろかったことなどを書き加えたりすると旅先のくわしい記録になります。

❹ 気づきや、感じたことを盛《も》りこもう

ノート　壁《かべ》新聞《しんぶん》　ホームページ　作文

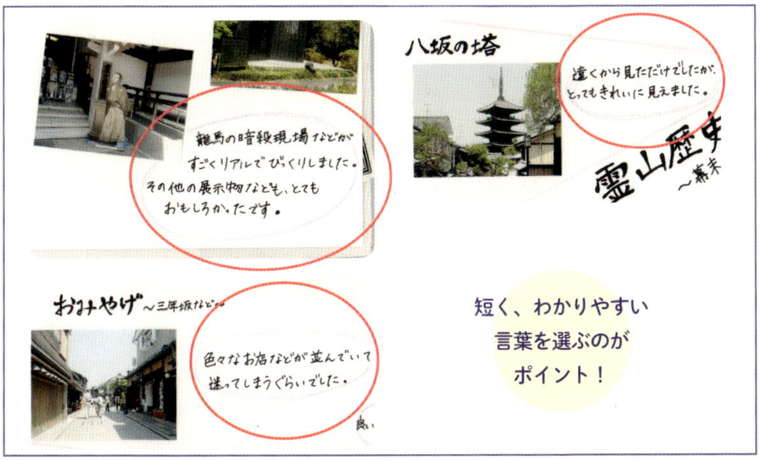

目的地で見聞きしたことに対して、自分がどんな感想をもったのか、書きこみましょう。独自性《どくじせい》が出るので読んでいておもしろく、楽しいまとめになります。旅行中のメモがここで役に立つので、旅先では感想などをこまめにメモしておきましょう。

❺ 写真やイラストを活用しよう

ノート　壁《かべ》新聞《しんぶん》　ホームページ

「ご利益《りやく》めぐり」のテーマを象徴《しょうちょう》する物や場所の写真を切りぬいて、効果的《こうかてき》に見せる

まとめた内容《ないよう》を紹介《しょうかい》するキャラクターを登場させる

自分たちで撮影《さつえい》した写真や集めたパンフレットなどの写真、イラストなどを活用しましょう。言葉で説明するよりも、写真やイラストを使うことで、旅先の情景《じょうけい》がひと目でわかり、インパクトを与《あた》えることもできます。写真は、例えば建物は輪郭《りんかく》に沿《そ》って切り取り、風景はだ円形や円形に切り取ってみるなどくふうしましょう。

❻ 旅の感想をまとめよう

ノート　作文　壁《かべ》新聞《しんぶん》　ホームページ

グループみんなの一言を集めたコーナーは、旅のよい思い出になりそう！

みんなで行った楽しい修学旅行《しゅうがくりょこう》なので、旅の思い出になるようなエピソードや感想を最後にまとめましょう。事前学習の成果はどうだったのか、グループ行動してみてどうだったのかなどを書きましょう。

3 まとめた内容《ないよう》を発表！

ノートや新聞などにまとめたことを、みんなの前で発表するときのポイントを紹介《しょうかい》します。

❶ ゆっくり大きな声で

聞いている人たちにしっかり聞こえる声の大きさで、聞き取りやすいスピードで話します。早口や小さな声では伝わりにくいので、ハキハキと大きな声で発表しましょう。

❷ 筋道立《すじみちだ》てて話す

内容《ないよう》をわかりやすく伝えるために、筋道《すじみち》をしっかり立てて話しましょう。話す内容《ないよう》の優先順位《ゆうせんじゅんい》を考え、伝えたい結論《けつろん》に導《みちび》きましょう。

❸ 態度《たいど》よく話す

話す態度《たいど》が悪いと、せっかく時間をかけてまとめても、正しい評価《ひょうか》につながりません。背筋《せすじ》をのばし堂々と話しましょう。正しい態度《たいど》は、聞き手によい印象をあたえます。

❹ 数字を使って説明する

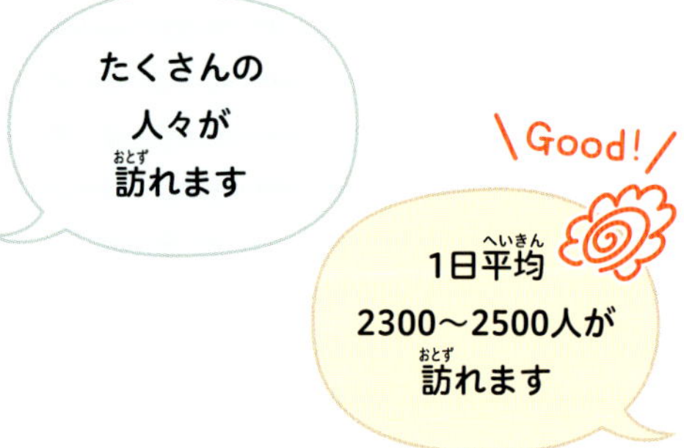

具体的な数字を使って説明すると相手に伝わりやすいです。「1000人以上が犠牲《ぎせい》になった」よりも「1309人もの犠《ぎ》牲者《せいしゃ》が出た」と発表すれば深く調べていることが伝わります。

❺ 内容《ないよう》と時間を考える

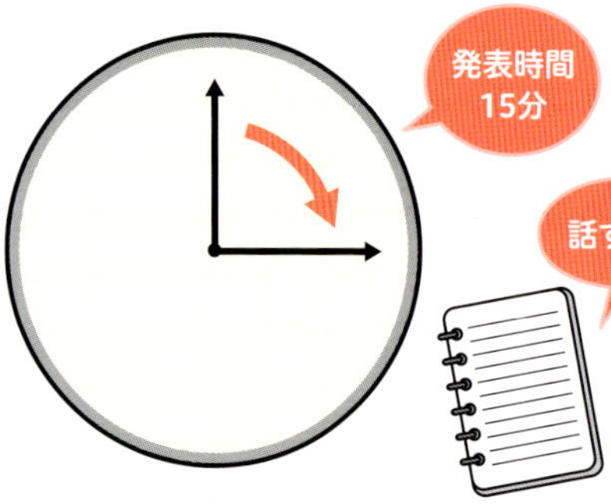

発表の時間は限《かぎ》られています。発表する内容《ないよう》の量とかかる時間を考えて、時間内に伝えきることができるように時間配分しましょう。

❻ リハーサルをする

本番に向けてリハーサルをすることが大切です。グループの人に聞いてもらい、声の大きさ、スピード、伝えたい内容《ないよう》について最終確認《さいしゅうかくにん》をしながら練習しましょう。

事後学習に役立つ便利グッズ

色鉛筆《いろえんぴつ》、ペン（太い・細い）など

製作物《せいさくぶつ》がカラフルに仕上がります。用途《ようと》によって色《いろ》鉛筆《えんぴつ》、太いペンなど使い分けると見やすくなります。

刃《は》が小さく、細かい部分を切るのに便利《べんり》！

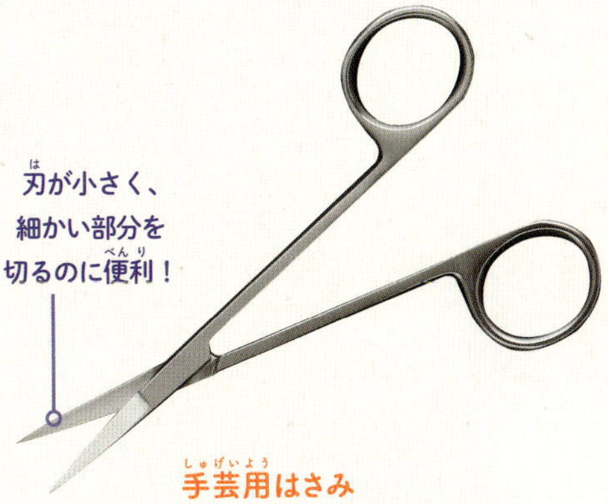

手芸用《しゅげいよう》はさみ

パンフレットの一部など小さなものを切ったり、形をくりぬくときに手芸用《しゅげいよう》はさみだと使いやすくて便利です。

奈良《なら》で売っているシカのマスキングテープ

東京の中央郵便局《ちゅうおうゆうびんきょく》で限定販売《げんていはんばい》されているマスキングテープ

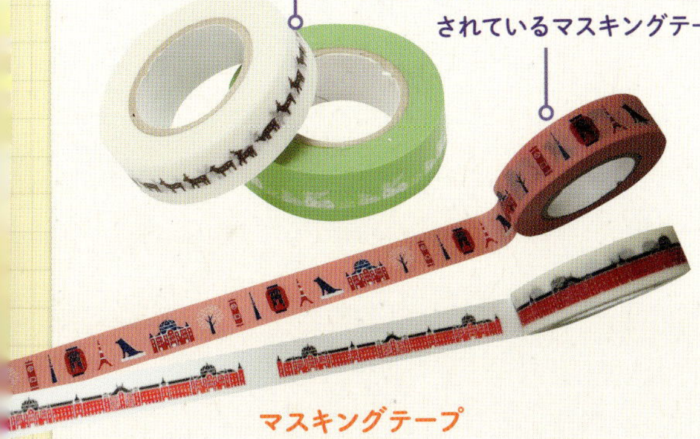

マスキングテープ

写真やチラシを貼《は》るのにおすすめ。さまざまな絵《え》柄《がら》のものがありますが、例えば東京の「東京タワー」や奈良《なら》のシカのように、その土地を象徴《しょうちょう》するようなモチーフがプリントされたものが、旅先で売られていることもあります。

色画用紙

壁新聞《かべしんぶん》をつくるときに、テーマごとにちがう色画用紙を使ってまとめると、まちがえた場合の差しかえや、グループ内での分担《ぶんたん》作業ができるので便利です。

テープのり

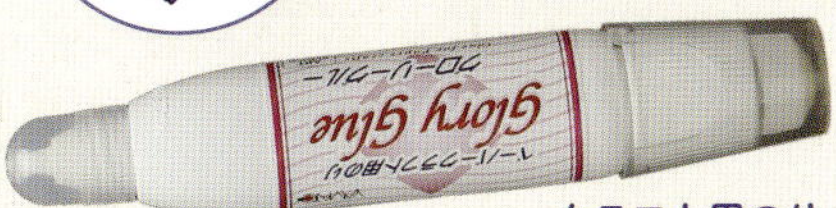

クラフト用のり

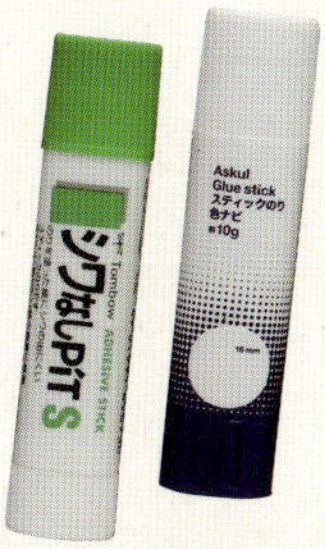

紙にしわがつきにくいスティックのり

のりいろいろ

写真など角があるものを貼《は》るときはテープのり、小さなものを貼《は》るときはクラフト用のりなど、用途《ようと》にあわせて使い分けると便利。

クリアファイル

切った写真やイラストなどをファイルごとにまとめたり、分担《ぶんたん》する作業《さぎょう》ごとに資《し》料《りょう》を分けることができます。

旅の用語事典

旅先で知っていると得する情報《じょうほう》が満載《まんさい》です！　このシリーズで紹介《しょうかい》している場所はもちろん、その他の地域《ちいき》への旅行にも役立ててください。

＊「大阪《おおさか》」は、江戸時代《えどじだい》まで「大坂《おおさか》」と表記されていました。ここでは、その表記にならっています。

あ

市場《いちば》・市《いち》

→1巻《かん》39ページ、6巻《かん》37ページ

商人が集まって商品売買を行う場所。おもに野菜、果物《くだもの》、魚介類《ぎょかいるい》などの食材をあつかう場をさす。一般《いっぱん》の人でも買い物ができ、新鮮《しんせん》な食材をいかした飲食店が人気になっている市場も多い。ほかに、陶器《とうき》などの伝統工芸品《でんとうこうげいひん》、アサガオやホオズキなどの植物を売る市もある。国が管理する市は奈良時代《ならじだい》からはじまり、やがて都市部で定期市が開かれるようになった。江戸時代《えどじだい》から続く市も各地に残っており、今も「市民の台所」としてにぎわっている。

全国の有名な市場・市

市場・市	所在地《しょざいち》	掲載巻《けいさいかん》とページ
函館朝市《はこだてあさいち》	北海道函館市《ほっかいどうはこだてし》	–
築地場外市場《つきじじょうがいいちば》	東京都中央区《とうきょうとちゅうおうく》	–
錦市場《にしきいちば》	京都府京都市《きょうとふきょうとし》	→1巻《かん》39ページ
牧志公設市場《まきしこうせついちば》	沖縄県那覇市《おきなわけんなはし》	→6巻《かん》37ページ

織田信長《おだのぶなが》（1534～1582年）

→1巻《かん》7・17・30・32・42、3巻《かん》42ページ

室町《むろまち》・安土桃山時代《あづちももやまじだい》の武将《ぶしょう》。尾張国《おわりのくに》（今の愛知県西部）を統一《とういつ》した後、1560年の桶狭間《おけはざま》の戦いで今川義元《いまがわよしもと》を倒《たお》し勢力《せいりょく》を伸《の》ばした。1573年、室町幕府《むろまちばくふ》15代将軍《しょうぐん》・足利義昭《あしかがよしあき》を追放して室町幕府《むろまちばくふ》を滅《ほろ》ぼした。

鉄砲《てっぽう》をはじめて効果的《こうかてき》に使った1575年の長篠《ながしの》の戦いは有名。近江国《おうみのくに》（今の滋賀県《しがけん》）に安土城《あづちじょう》を築《きず》き、天下統一《てんかとういつ》をめざしたが、1582年、家臣の明智光秀《あけちみつひで》の謀反《むほん》にあい、京都の本能寺《ほんのうじ》で自害した。

信長《のぶなが》の足跡《そくせき》がたどれる地

寺や城《しろ》	所在地《しょざいち》	掲載巻《けいさいかん》とページ
清洲城《きよすじょう》、小牧山城《こまきやまじょう》、桶狭間古戦場公園《おけはざまこせんじょうこうえん》	愛知県《あいちけん》	–
岐阜城《ぎふじょう》	岐阜県《ぎふけん》	–
大坂城《おおさかじょう》（石山本願寺《いしやまほんがんじ》）	大阪府《おおさかふ》	→2巻《かん》32ページ
本能寺《ほんのうじ》など	京都府《きょうとふ》	→1巻《かん》30・31ページ

陰陽師《おんみょうじ》

→1巻《かん》24・25ページ

天文や暦《こよみ》などの知識《ちしき》を用いて、物事やその土地の吉凶《きっきょう》の判定《はんてい》などを行う陰陽道《おんみょうどう》をつかさどった人。陰《おん》陽道《みょうどう》は中国から伝わった「陰陽五行説《いんようごぎょうせつ》」という考えに基《もと》づいたものだ。

もとは陰陽寮《おんようりょう》という役所に属《ぞく》する役人だったが、平安時代中期以降《いこう》は大きな力をもつようになり、政《せい》権《けん》にも影響《えいきょう》を及《およ》ぼした。有名な陰陽師《おんみょうじ》として、安倍《あべの》晴明《せいめい》、賀茂光栄《かものみつよし》、蘆屋道満《あしやどうまん》などがいる。

陰陽師《おんみょうじ》	ゆかりのある寺社	所在地《しょざいち》	掲載巻《けいさいかん》とページ
安倍晴明《あべのせいめい》	晴明神社《せいめいじんじゃ》	京都府京都市《きょうとふきょうとし》	→1巻《かん》24ページ
	安倍晴明神社《あべせいめいじんじゃ》	大阪府大阪市《おおさかふおおさかし》	–
賀茂光栄《かものみつよし》	上賀茂神社《かみがもじんじゃ》、下鴨神社《しもがもじんじゃ》	京都府京都市《きょうとふきょうとし》	→1巻《かん》20・21ページ
蘆屋道満《あしやどうまん》	正岸寺《しょうがんじ》	兵庫県加古川市《ひょうごけんかこがわし》	–

か

開山《かいさん》

寺を新たに開くこと。開基《かいき》ともいう。

寺の多くは山を切り開いて建てられていたことからできた言葉。「〇〇山◎◎寺」と、山号《さんごう》のつく寺が多い。転じてその寺を開いた僧《そう》のことをさしていう言葉にもなった。

おもな開山の例

寺の名前	所在地《しょざいち》	開山《かいさん》した僧《そう》	掲載巻《けいさいかん》とページ
日光山輪王寺《にっこうざんりんのうじ》	栃木県《とちぎけん》	勝道《しょうどう》	→4巻《かん》12ページ
比叡山延暦寺《ひえいざんえんりゃくじ》	滋賀県《しがけん》	最澄《さいちょう》	→1巻《かん》11ページ
高野山金剛峯寺《こうやさんこんごうぶじ》	和歌山県《わかやまけん》	空海《くうかい》	–
八幡山教王護国寺《はちまんさんきょうおうごこくじ》（東寺《とうじ》）	京都府《きょうとふ》	空海《くうかい》	→1巻《かん》28ページ
東山建仁寺《とうざんけんにんじ》	京都府《きょうとふ》	栄西《えいさい》	→4巻《かん》28ページ
吉祥山永平寺《きちじょうざんえいへいじ》	福井県《ふくいけん》	道元《どうげん》	–
巨福山建長寺《こふくざんけんちょうじ》	神奈川県《かながわけん》	蘭渓道隆《らんけいどうりゅう》	→4巻《かん》26ページ
瑞鹿山円覚寺《ずいろくざんえんがくじ》	神奈川県《かながわけん》	無学祖元《むがくそげん》	→4巻《かん》26ページ
身延山久遠寺《みのぶさんくおんじ》	山梨県《やまなしけん》	日蓮《にちれん》	–

鎌倉五山《かまくらござん》

4巻《かん》28・29ページ

仏教《ぶっきょう》の宗派《しゅうは》の１つである臨済宗《りんざいしゅう》のなかでも格《かく》が高いとされる、鎌倉《かまくら》にある建長寺《けんちょうじ》・円覚寺《えんがくじ》・寿福寺《じゅふくじ》・浄智寺《じょうちじ》・浄妙寺《じょうみょうじ》の５つの寺のこと。この順に格《かく》が高いとされる。ほかに「京都五山《きょうとござん》」がある。

中国の制度《せいど》をもとにして「五山《ござん》の制《せい》」は設《もう》けられたが、政変《せいへん》などによりくりかえし改定された歴史をもつ。

鑑真《がんじん》（688〜763年）

2巻《かん》14ページ

奈良時代《ならじだい》に唐《とう》（今の中国）から日本にわたり仏教《ぶっきょう》を広めた僧《そう》。日本にわたる航海《こうかい》に５度も失敗し、その間に失明もしたが、753年に来日。

聖武上皇《しょうむじょうこう》や孝謙天皇《こうけんてんのう》の信任《しんにん》を得て奈良《なら》の東大寺《とうだいじ》に入り、754年、東大寺《とうだいじ》に日本初の戒壇《かいだん》*を設《もう》けた。759年に唐招提寺《とうしょうだいじ》を創建《そうけん》し、仏教《ぶっきょう》の修行《しゅぎょう》をする者の新しい生活規律《せいかつきりつ》を広める道場とした。

*戒壇《かいだん》とは、僧《そう》に戒律《かいりつ》を授《さず》ける儀式《ぎしき》を行うための特殊《とくしゅ》な場所のこと。

京都五山《きょうとござん》

1巻《かん》41ページ、4巻《かん》28ページ

鎌倉五山《かまくらござん》に対し、京都にある臨済宗《りんざいしゅう》の大きな５つの寺の総称《そうしょう》。天龍寺《てんりゅうじ》・相国寺《しょうこくじ》・建仁寺《けんにんじ》・東福寺《とうふくじ》・万《まん》寿寺《じゅじ》の５つをさし、この順に格《かく》が高いとされた。さらにその上に、別格《べっかく》として南禅寺《なんぜんじ》が置かれている。

室町時代《むろまちじだい》、３代将軍足利義満《しょうぐんあしかがよしみつ》のときに定められた。

キリシタン

5巻《かん》14〜17ページ

1549年に日本を訪《おとず》れたスペインの宣教師《せんきょうし》、フランシスコ・ザビエルはキリスト教を広めた際《さい》、キリスト教やその信者のことをキリシタンとよんだ。

江戸幕府《えどばくふ》はキリスト教を人々を惑《まど》わすものとして弾圧《だんあつ》し、禁止《きんし》する命令も出したが、なかには信仰《しんこう》を守る信者もいた。こうしたキリスト教徒《きょうと》を「潜伏《せんぷく》キリシタン」という。

潜伏《せんぷく》キリシタンは、長崎県《ながさきけん》の外海地区《そとめちく》で多数くらしていた。また、同じ長崎県《ながさきけん》の原城跡《はらじょうあと》は、1637年の島原《しまばら》・天草一揆《あまくさいっき》の際《さい》に多くのキリシタンがたてこもった場所で、銃弾《じゅうだん》や十字架《じゅうじか》などが出土している。

空海《くうかい》（774〜835年）

1巻《かん》26ページ

「弘法大師《こうぼうだいし》」のよび名でも知られる、平安時代初期の僧《そう》。唐《とう》（今の中国）にわたって仏教《ぶっきょう》を学び帰国した後、真言宗《しんごんしゅう》を開き、819年に和歌山県《わかやまけん》の高野山《こうやさん》に金剛峯寺《こんごうぶじ》を建立《こんりゅう》した。後に朝廷《ちょうてい》から京都の東寺《とうじ》（教王護国寺《きょうおうごこくじ》）をあたえられた。

また、京都に綜芸種智院《しゅげいしゅちいん》という日本で最初の私塾《しじゅく》を開き、庶民《しょみん》に儒教《じゅきょう》や仏教《ぶっきょう》を教えた。書の名人としても知られ、「三筆《さんぴつ》」にも数えられている。

ゆかりの地	所在地《しょざいち》	掲載巻《けいさいかん》とページ
四天王寺《してんのうじ》	大阪府大阪市《おおさかふおおさかし》	2巻《かん》33ページ
金剛峯寺《こんごうぶじ》	和歌山県高野町《わかやまけんこうやちょう》	–
石像寺《しゃくぞうじ》	京都府京都市《きょうとふきょうとし》	1巻《かん》26ページ
東寺《とうじ》(教王護国寺《きょうおうごこくじ》)	京都府京都市《きょうとふきょうとし》	1巻《かん》28ページ
泉涌寺《せんにゅうじ》	京都府京都市《きょうとふきょうとし》	1巻《かん》27ページ
四国八十八ヶ所霊場《しこくはちじゅうはちかしょれいじょう》	徳島県《とくしまけん》、香川県《かがわけん》、愛媛県《えひめけん》、高知県《こうちけん》	–

グスク

6巻《かん》8〜15ページ

鹿児島県奄美地方《かごしまけんあまみちほう》や沖縄県《おきなわけん》にみられる「城《しろ》」のこと。敵《てき》の攻撃《こうげき》から守るための城《しろ》のほか、聖地《せいち》や墓地《ぼち》として使用されていたもの、倉庫や砲台《ほうだい》などもあてはまるという。そのため、「石垣《いしがき》で囲まれた施設《しせつ》」全般《ぜんぱん》をさしていう言葉と考える場合もある。

▲沖縄県《おきなわけん》うるま市の勝連城跡《かつれんじょうあと》。13世紀ごろに築《きず》かれた。

グリーンツーリズム

たんに観光名所をめぐる観光旅行（ツーリズム）ではなく、農村や漁村に長期滞在《ちょうきたいざい》することをいう。近年は農山漁村《のうさんぎょそん》の民家に宿泊《しゅくはく》する「民泊《みんぱく》」も行われるようになってきている。都市の住民は、農業や漁業を実際《じっさい》に体験したり、地域《ちいき》の伝統《でんとう》や自然にふれて理解《りかい》を深めたりすることができる。一方、農山漁村《のうさんぎょそん》にとっては、地域《ちいき》の活性化《かっせいか》が期待できるため、各地でさまざまな取り組みが行われている。

遣隋使《けんずいし》・遣唐使《けんとうし》

隋《ずい》（581～618年）や唐《とう》（618～907年）は、当時の中国の王朝名。それぞれの王朝に日本から派遣《はけん》された使節を、遣隋使《けんずいし》・遣唐使《けんとうし》とよぶ。

遣隋使《けんずいし》は数回派遣《はけん》され、なかでも小野妹子《おののいもこ》が知られている。中国の文化や制度《せいど》を学ぶことや、隋《ずい》との対等な外交関係を結ぶことを目的としていた。遣唐《けんとう》使《し》は十数回派遣《はけん》され、唐《とう》との友好関係を保《たも》ちつつ、政治《せいじ》・学問・宗教《しゅうきょう》などに関して多くを学んだが、894年に菅原道真《すがわらのみちざね》（27ページ）の意見で停止された。

遣唐使《けんとうし》のおもなゆかりの地

ゆかりの地	所在地《しょざいち》	掲載巻《けいさいかん》とページ
住吉大社《すみよしたいしゃ》(出発の地)	大阪府《おおさかふ》	➡2巻《かん》33ページ
魚津ヶ崎公園《ぎょうがさきこうえん》(日本最後《さいご》の寄泊地《きはくち》)	長崎県《ながさきけん》	－
平城宮跡歴史公園《へいじょうきゅうせきれきしこうえん》(遣唐使船復原《けんとうしせんふくげん》)	奈良県《ならけん》	➡2巻《かん》6ページ

▲住吉大社《すみよしたいしゃ》の本殿《ほんでん》。遣唐使《けんとうし》たちは、住吉大社《すみよしたいしゃ》のある「すみのえ」とよばれた今の大阪《おおさか》から出発した。その際《さい》、航海の無事を祈《いの》ったのが、海とゆかりの深い、住吉大社《すみよしたいしゃ》だった。

▲遣唐使船《けんとうしせん》日本最後の寄泊《きはく》の地となった長崎県五島市《ながさきけんごとうし》の魚津ヶ崎公園《ぎょうがさきこうえん》。西海国立公園内《さいかいこくりつこうえんない》に位置し、今はキャンプなども楽しめるようになっている。

建築様式《けんちくようしき》

時代とともに建築様式《けんちくようしき》は変化し、その様式から時代を知ることもできる。

飛鳥《あすか》・奈良時代《ならじだい》は朝鮮《ちょうせん》や中国から建築技術《けんちくぎじゅつ》を学んだが、平安時代には日本固有の様式、寝殿造《しんでんづくり》が発展《はってん》する。鎌倉《かまくら》・室町時代《むろまちじだい》は、活発に交易《こうえき》した中国から禅宗《ぜんしゅう》の建築様式《けんちくようしき》が伝わった。安土桃山時代《あづちももやまじだい》は城郭建《じょうかくけん》築《ちく》が発達し、江戸時代《えどじだい》初期には邸宅《ていたく》の建築《けんちく》に茶の湯の流行の影響《えいきょう》がみられる。

時代	時代の特色
平安時代《へいあんじだい》	**【寝殿造《しんでんづくり》】**貴族住宅《きぞくじゅうたく》の様式《ようしき》。南《みなみ》に面《めん》した寝殿《しんでん》を中心に、東西北にそれぞれ対屋《たいのや》がある。それらを渡殿《わたどの》とよぶ廊下《ろうか》で結ぶ。 ●東三条殿《ひがしさんじょうどの》 ●清涼殿《せいりょうでん》 ●鹿苑寺《ろくおんじ》(金閣寺《きんかくじ》)の金閣《きんかく》(のちの時代のものだが寝殿造《しんでんづくり》が見られる)など ➡1巻《かん》14ページ (以上京都府《きょうとふ》)  ▲東三条殿復元模型《ひがしさんじょうどのふくげんもけい》。大きな池があるのも特徴《とくちょう》の1つ。
室町時代《むろまちじだい》	**【書院造《しょいんづくり》】**寝殿造《しんでんづくり》が変化してできた武家の住宅様式《じゅうたくようしき》。今の和室の様式のもととなった。 ●慈照寺《じしょうじ》(銀閣寺《ぎんかくじ》)の東求堂《とうぐどう》(京都府《きょうとふ》) など ➡1巻《かん》15ページ  ▲主となる座敷《ざしき》には畳《たたみ》が敷《し》かれ、違《ちが》い棚《だな》と明障子《あかりしょうじ》、付書院《つけしょいん》がそなわる。
安土桃山時代《あづちももやまじだい》	**【城郭建築《じょうかくけんちく》】**安土桃山時代《あづちももやまじだい》に入ると、大名《だいみょう》たちは武力《ぶりょく》と権力《けんりょく》の象徴《しょうちょう》として、豪華《ごうか》な外観の城《しろ》を築《きず》いていった。また、山の上から平地に城《しろ》がつくられるようになり、周辺に城下町《じょうかまち》が生まれていった。 ●姫路城《ひめじじょう》(兵庫県《ひょうごけん》) ●松本城《まつもとじょう》(長野県《ながのけん》) ●大坂城《おおさかじょう》(大阪府《おおさかふ》) ●彦根城《ひこねじょう》(滋賀県《しがけん》) ●犬山城《いぬやまじょう》(愛知県《あいちけん》) ●熊本城《くまもとじょう》(熊本県《くまもとけん》)
江戸時代《えどじだい》	**【数寄屋造《すきやづくり》】**茶の湯の流行にともない、茶室の様式を取り入れた建物。装飾《そうしょく》をしない簡潔《かんけつ》さが特徴《とくちょう》。 ●伏見稲荷大社御茶屋《ふしみいなりたいしゃおちゃや》 ●西本願寺飛雲閣《にしほんがんじひうんかく》 ●桂離宮古書院《かつらりきゅうこしょいん》 ●曼殊院小書院《まんしゅいんこしょいん》 ●西本願寺黒書院《にしほんがんじくろしょいん》 (以上京都府《いじょうきょうとふ》) ●三溪園臨春閣《さんけいえんりんしゅんかく》(神奈川県《かながわけん》) など  ▲京都御苑《きょうとぎょえん》の拾翠亭《しゅうすいてい》。茶会用の離《はな》れとして使われていた。
明治時代以降《めいじじだいいこう》	明治時代、西洋建築《せいようけんちく》が伝来し、伊東忠太《いとうちゅうた》などの日本建築家《けんちくか》が登場。大正時代になると、近代(モダン)建築《けんちく》がはじまり、昭和時代後半はポストモダン建築《けんちく》のさかんな時代となる。

庚申信仰《こうしんしんこう》

2巻《かん》15・41ページ

庚申信仰《こうしんしんこう》は、中国から伝わった道教の「三尸説《さんしせつ》」をもとに、仏教《ぶっきょう》や神道《しんとう》、日本のさまざまな民間信仰《みんかんしんこう》がまざり合い成立した、とくに室町時代《むろまちじだい》、江戸時代《えどじだい》にさかんだった信仰《しんこう》。

江戸時代《えどじだい》の初期以降《いこう》、庚申信仰《こうしんしんこう》の本尊《ほんぞん》となる青面《しょうめん》金剛《こんごう》を祀《まつ》る庚申堂《こうしんどう》が各地に建立《こんりゅう》された。早死にを恐《おそ》れたことからはじまった庚申信仰《こうしんしんこう》だが、時代とともに信仰《しんこう》の内容《ないよう》は変わっていく。ご利益《りやく》として商売繁《しょうばいはん》盛《じょう》、豊作《ほうさく》、大漁《たいりょう》のほかに、病が治るというものが加わった。

京都府《きょうとふ》の八坂庚申堂《やさかこうしんどう》、大阪府《おおさかふ》の四天王寺庚申堂《してんのうじこうしんどう》、奈良県《ならけん》の庚申《こうしん》堂《どう》、岐阜県《ぎふけん》の下《しも》野庚申堂《のこうしんどう》などがある。

奈良県奈良《ならけんなら》市《し》のならまちにある庚申堂《こうしんどう》。

建立《こんりゅう》

寺院や、寺院にあるお堂や塔《とう》などを建てること。とくに寺院、仏塔《ぶっとう》、仏像《ぶつぞう》などをつくることを「造立《ぞうりゅう》」、神社、寺院、宮殿《きゅうでん》をつくることを「造営《ぞうえい》」ともいう。

さ

最澄《さいちょう》（767〜822年）

1巻《かん》11ページ

平安時代初期の僧《そう》で、伝教大師《でんぎょうだいし》ともよばれる。

785年、東大寺《とうだいじ》で僧《そう》となったが、故郷《こきょう》の近江国《おうみのくに》（今の滋賀県《しがけん》）にもどって比叡山《ひえいざん》に入り、788年、一乗《いちじょう》止観院《しかんいん》（のちの延暦寺《えんりゃくじ》）を建立《こんりゅう》して修行《しゅぎょう》した。

804年、仏教《ぶっきょう》を学ぶため遣唐使船《けんとうしせん》で唐《とう》にわたり、天台宗《てんだいしゅう》の教えを受けた。帰国した翌年《よくとし》の806年、桓《かん》武天皇《むてんのう》の保護《ほご》のもと、新しい宗派《しゅうは》の天台宗《てんだいしゅう》を開いた。

延暦寺《えんりゃくじ》は1994年、世界文化遺産《せかいぶんかいさん》に登録された。また、栃木県《とちぎけん》の指定有形文化財《していゆうけいぶんかざい》である大慈寺《だいじじ》の相輪《そうりん》塔《とう》は、最澄《さいちょう》が建立《こんりゅう》したものだ*。

*現在《げんざい》残るのは、再建《さいけん》されたもの。

産業遺産《さんぎょういさん》

4巻《かん》18・19ページ、5巻《かん》5・30ページ

過去《かこ》の産業に関係した設備《せつび》や製品《せいひん》などの総称《そうしょう》。とくに、ある時代にその地域《ちいき》でさかんだった産業の姿《すがた》を現代《げんだい》に伝えるものをさし、橋やダムなどの建造《けんぞう》物《ぶつ》、実際《じっさい》の製品《せいひん》や製造用《せいぞうよう》の機械、工具や図面なども含《ふく》まれる。「近代化産業遺産《きんだいかさんぎょういさん》」は現在《げんざい》、1115件《けん》の建物や鉱山《こうざん》の跡《あと》などが認定《にんてい》されている。

薩摩藩《さつまはん》（今《いま》の鹿児島県《かごしまけん》）の集成館《しゅうせいかん》や福岡県《ふくおかけん》の八幡《やはた》製鉄所《せいてつじょ》、長崎県《ながさきけん》の造船所《ぞうせんじょ》、山口県《やまぐちけん》の反射炉《はんしゃろ》などをまとめた「明治日本の産業革命遺産《さんぎょうかくめいいさん》 製鉄《せいてつ》・製鋼《せいこう》、造《ぞう》船《せん》、石炭産業《せきたんさんぎょう》」は2015年に世界遺産《せかいいさん》に登録《とうろく》された。

長崎造船所《ながさきぞうせんじょ》、香焼工場《こうやぎこうじょう》のドック。

ジオパーク

5巻《かん》29ページ

地理学や地質学《ちしつがく》といった学術的《がくじゅつてき》な面から見て、貴《き》重《ちょう》な性質《せいしつ》や特徴《とくちょう》がみられる地質《ちしつ》・地形のある場所のうち、とくに自然公園として整備《せいび》され、観光資源《かんこうしげん》や教育の場として活用されているものをいう。

まずは国内で日本ジオパークとして認定《にんてい》し、ユネスコが世界ジオパークネットワークと協力して審査《しんさ》し、ユネスコ世界ジオパークを認定《にんてい》する。日本では、日本ジオパークは43地域《ちいき》あり、そのうち８地域《ちいき》がユネスコ世界ジオパークに認定《にんてい》されている（2018年４月現在《げんざい》）。

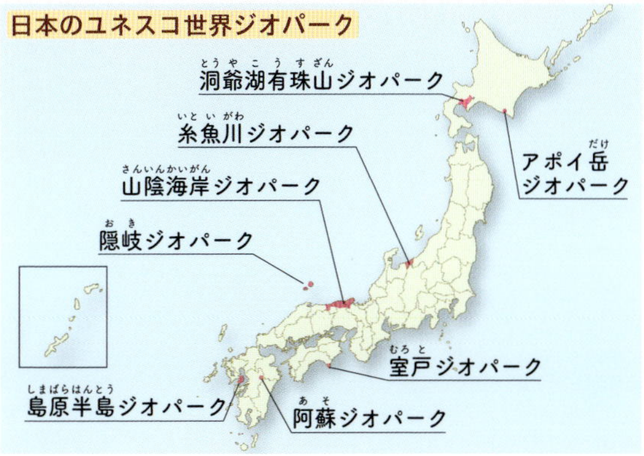

四神相応《しじんそうおう》

➡1巻《かん》25ページ

四神相応《しじんそうおう》とは、古代中国で生まれた「風水」の考え方で、東の青龍《せいりゅう》・西の白虎《びゃっこ》・南の朱雀《すざく》・北の玄武《げんぶ》という4つの方角をつかさどる神が、存在《そんざい》するのにふさわしい土地だということ。

一説では、東に川などの流水（青龍《せいりゅう》）、西に大きな道（白虎《びゃっこ》）、南に湖・池やくぼ地（朱雀《すざく》）、北に低い山や丘陵《きゅうりょう》（玄武《げんぶ》）が備《そな》わっている土地といい、平安《へいあん》京《きょう》が置かれた京都はこれに当てはまるとされる。

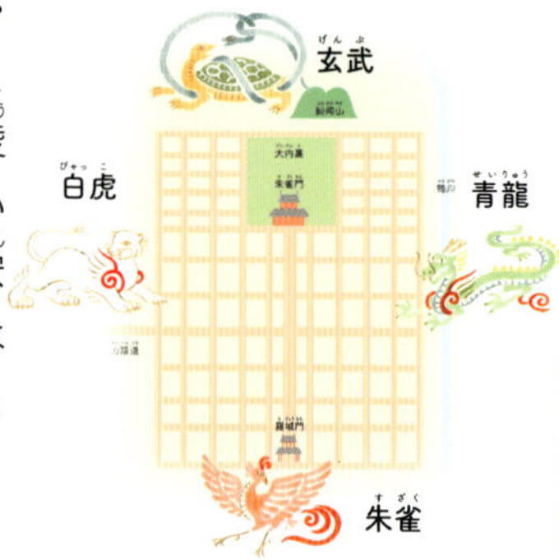

宗派《しゅうは》（仏教《ぶっきょう》の宗派《しゅうは》）

同じ仏教《ぶっきょう》でも、教えや儀式《ぎしき》のちがいによって分かれたそれぞれのグループを宗派《しゅうは》という。以下に各巻《かくかん》にのっている寺院《じいん》とその宗派《しゅうは》を紹介《しょうかい》している。

宗派《しゅうは》・開祖《かいそ》	特色	寺院名《じいんめい》	掲載巻《けいさいかん》とページ
華厳宗《けごんしゅう》	華厳経《けごんきょう》を根本とする。8世紀大仏造立時《だいぶつぞうりゅうじ》に日本に伝わる。	東大寺《とうだいじ》(奈良県《ならけん》)	➡2巻《かん》10ページ
法相宗《ほっそうしゅう》	道昭《どうしょう》が唐《とう》の玄奘《げんじょう》に学んで伝える。	薬師寺《やくしじ》(奈良県《ならけん》)	➡2巻《かん》14ページ
律宗《りっしゅう》	戒律《かいりつ》を実践《じっせん》することで成仏《じょうぶつ》できる。鑑真《がんじん》が日本に伝える。	唐招提寺《とうしょうだいじ》(奈良県《ならけん》)	➡2巻《かん》14ページ
真言宗《しんごんしゅう》 空海《くうかい》	山にこもり修行《しゅぎょう》する。祈《いの》りの力で国や人の災《わざわ》いを取《と》り除《のぞ》く。	東寺《とうじ》(京都府《きょうとふ》)	➡1巻《かん》28ページ
天台宗《てんだいしゅう》 最澄《さいちょう》		輪王寺《りんのうじ》(栃木県《とちぎけん》)	➡4巻《かん》12ページ
浄土宗《じょうどしゅう》 法然《ほうねん》	念仏《ねんぶつ》を唱《とな》えれば、だれでも極楽往生《ごくらくおうじょう》できる。	増上寺《ぞうじょうじ》(東京都《とうきょうと》)	➡3巻《かん》17ページ
浄土真宗《じょうどしんしゅう》 親鸞《しんらん》		西本願寺《にしほんがんじ》(京都府《きょうとふ》)	➡1巻《かん》17ページ
曹洞宗《そうとうしゅう》 道元《どうげん》	座禅《ざぜん》で悟《さと》りを開く。禅宗《ぜんしゅう》。	總持寺《そうじじ》(神奈川県《かながわけん》)	➡4巻《かん》28ページ
臨済宗《りんざいしゅう》 栄西《えいさい》		鹿苑寺《ろくおんじ》(京都府《きょうとふ》)	➡1巻《かん》14ページ
黄檗宗《おうばくしゅう》 隠元《いんげん》		聖福寺《しょうふくじ》(長崎県《ながさきけん》)	➡5巻《かん》9ページ

聖徳太子《しょうとくたいし》（574〜622年）

➡2巻《かん》16〜21・33ページ

用明天皇《ようめいてんのう》の皇子《おうじ》である、飛鳥時代《あすかじだい》の政治家《せいじか》。593年、叔母《おば》である推古天皇《すいこてんのう》の摂政《せっしょう》（天皇《てんのう》を助けて政治《せいじ》を行う役職《やくしょく》）となり、政治《せいじ》を行った。

天皇《てんのう》を中心とする国家をめざし、「冠位十二階《かんいじゅうにかい》」という制度《せいど》で有能《ゆうのう》な人材を役人に採用《さいよう》し、役人や貴《き》族《ぞく》の道徳的《どうとくてき》な戒《いまし》めを説いた「十七条《じゅうしちじょう》の憲法《けんぽう》」を制定《せいてい》した。また、遣隋使《けんずいし》を派遣《はけん》して隋《ずい》（今の中国）と国交を結び、進んでいた中国大陸の文化や制度《せいど》を導入《どうにゅう》した。

仏教《ぶっきょう》を深く信仰《しんこう》した聖徳太子《しょうとくたいし》は、奈良県《ならけん》の法隆寺《ほうりゅうじ》や中宮寺《ちゅうぐうじ》、大阪府《おおさかふ》の四天王寺《してんのうじ》などを建立《こんりゅう》し、仏教《ぶっきょう》を広めることにも力を入れた。

▶本名は「厩戸皇子《うまやどのおうじ》」という。「聖徳太子《しょうとくたいし》」という名は死後にあたえられたものだとする説もある。

尚巴志《しょうはし》（1372〜1439年）

➡6巻《かん》10ページ

1429年に沖縄《おきなわ》を統一《とういつ》し、琉球王国《りゅうきゅうおうこく》（37ページ）を建国した王。当時の沖縄《おきなわ》には北山《ほくざん》・中山《ちゅうざん》・南山《なんざん》という３つの王国があった。尚巴志《しょうはし》は、中山《ちゅうざん》の王で、ほかの２つの国を滅《ほろ》ぼし、首里《しゅり》（今の那覇市《なはし》）を本《ほん》拠《きょ》として琉球王国《りゅうきゅうおうこく》を建国した。

王にふさわしい城《しろ》として那覇市《なはし》の首里城《しゅりじょう》を大きく拡《ひろ》げ、那覇港《なはこう》を整備《せいび》して、中国をはじめ日本、朝《ちょう》鮮《せん》、東南アジア諸国《しょこく》との貿易《ぼうえき》を活発に行い、琉球王《りゅうきゅうおう》国《こく》の繁栄《はんえい》の基礎《きそ》を築《きず》いた。

資料館《しりょうかん》・博物館《はくぶつかん》

➡2巻《かん》9・22・23・31ページ、3巻《かん》23・32・33ページ、5巻《かん》7・27・32ページ、6巻《かん》19・31ページなど

歴史《れきし》・芸術《げいじゅつ》・民俗《みんぞく》・産業・自然科学などに関する資料《しりょう》を収集《しゅうしゅう》・保管《ほかん》し、展示《てんじ》をする施設《しせつ》で、資料《しりょう》に関する調査《ちょうさ》・研究も行う。

国や都道府県、市区町村が管理するもののほかに、民間の施設《しせつ》もある。また、博物館、資料館《しりょうかん》、歴史館など、収集《しゅうしゅう》・保管《ほかん》する資料《しりょう》によって名称《めいしょう》が異《こと》なる。

その土地について調べるときは、地域《ちいき》の資料館《しりょうかん》や博物館を利用しよう。多くの資料館《しりょうかん》や博物館には学芸員とよばれる専門《せんもん》の知識《ちしき》をもった研究者がおり、調べ方や疑問点《ぎもんてん》を聞くことができる。

菅原道真《すがわらのみちざね》（845～903年）

→1巻《かん》22ページ、3巻《かん》17ページ、5巻《かん》33ページ

平安時代初期の学者・政治家《せいじか》。

894年、遣唐使《けんとうし》に任命《にんめい》されたが、進言してこれを停止。その後、右大臣《うだいじん》にまで昇進《しょうしん》したが、901年、藤原時平《ふじわらのときひら》に無実の罪《つみ》を着せられ、大宰府《だざいふ》（今の福岡《ふくおか》県《けん》に置かれた役所）に送られ、2年後に亡《な》くなった。

その後、道真《みちざね》は全国各地で祀《まつ》られるようになった。学問・書・詩文にすぐれた人物であったことから「学問の神」として信仰《しんこう》されている。京都府《きょうとふ》の北野天満《きたのてんまん》宮《ぐう》、福岡県《ふくおかけん》の太宰府天満宮《だざいふてんまんぐう》、東京都《とうきょうと》の湯島天神《ゆしまてんじん》などが有名だ。

福岡県太宰府市《ふくおかけんだざいふし》の太宰府天満宮《だざいふてんまんぐう》。

征夷大将軍《せいいたいしょうぐん》

→1巻《かん》12ページ、3巻《かん》16～22ページ、4巻《かん》22～25・27ページ

平安時代までは、東北地方に住んでいた蝦夷《えみし》を攻《せ》めるために朝廷《ちょうてい》から任命《にんめい》された、遠征軍《えんせいぐん》の指揮官《しきかん》の役職名《やくしょくめい》だった。

しかし、鎌倉幕府《かまくらばくふ》を開いた源頼朝《みなもとのよりとも》が征夷大将軍《せいいたいしょうぐん》に任《にん》じられて以降《いこう》は、幕府《ばくふ》の中心となり武家政治《ぶけせいじ》を行う者の職名《しょくめい》となった。これは、室町幕府《むろまちばくふ》の足利《あしかが》氏《し》、江戸幕府《えどばくふ》の徳川氏《とくがわし》へと、引きつがれていく。

京都市の清水寺《きよみずでら》にある蝦夷《えみし》の首長、「アテルイ・モレの碑《ひ》」。清《きよ》水寺《みずでら》は、平安時代初期に征夷大将軍《せいいたいしょうぐん》に任《にん》じられ、蝦夷《えみし》をせめた坂《さかの》上田村麻呂《うえのたむらまろ》にゆかりのある寺。

世界遺産《せかいいさん》

→1巻《かん》10～17ページ、2巻《かん》6～16・18・19ページ、4巻《かん》6～14ページ、6巻《かん》8～15ページ

ユネスコの世界遺産《せかいいさん》リストに登録された文化財《ぶんかざい》や自然のこと。文化遺産《ぶんかいさん》（建造物《けんぞうぶつ》や遺跡《いせき》など）、自然《しぜん》遺産《いさん》（地形や美しい景観など）、複合遺産《ふくごういさん》（文化遺《ぶんかい》産《さん》と自然遺産《しぜんいさん》の要素《ようそ》をあわせもつ）の3種類がある。貴重《きちょう》な文化や自然を保護《ほご》し、後世に残すことを目的とする。日本では、文化遺産《ぶんかいさん》が17件《けん》、自然遺産《しぜんいさん》が4件登録《けんとうろく》されている（2018年4月現在《げんざい》）。

	日本の世界遺産《せかいいさん》
文化《ぶんか》遺産《いさん》	法隆寺《ほうりゅうじ》地域《ちいき》の仏教建造物《ぶっきょうけんぞうぶつ》（奈良県《ならけん》）→2巻《かん》16ページ、姫路城《ひめじじょう》（兵庫《ひょうご》県《けん》）、古都京都《こときょうと》の文化財《ぶんかざい》（京都府《きょうとふ》、滋賀県《しがけん》）→1巻《かん》10ページ、白川郷《しらかわごう》・五箇山《ごかやま》の合掌造《がっしょうづく》り集落《しゅうらく》（岐阜県《ぎふけん》・富山県《とやまけん》）、原爆《げんばく》ドーム（広島県《ひろしまけん》）、厳島《いつくしま》神社《じんじゃ》（広島県《ひろしまけん》）、古都奈良《ことなら》の文化財《ぶんかざい》（奈良県《ならけん》）→2巻《かん》6ページ、日光《にっこう》の社寺《しゃじ》（栃木県《とちぎけん》）→4巻《かん》6ページ、琉球王国《りゅうきゅうおうこく》のグスク及《およ》び関連遺産《かんれんいさん》群《ぐん》（沖縄県《おきなわけん》）→6巻《かん》8ページ、紀伊山地《きいさんち》の霊場《れいじょう》と参詣道《さんけいみち》（三重県《みえけん》・奈《な》良県《らけん》・和歌山県《わかやまけん》）、石見銀山遺跡《いわみぎんざんいせき》とその文化的景観《ぶんかてきけいかん》（島根県《しまねけん》）、平泉《ひらいずみ》―仏国土《ぶっこくど》（浄土《じょうど》）を表《あらわ》す建築《けんちく》・庭園及《ていえんおよ》び考古学的遺跡群《こうこがくてきいせきぐん》―（岩手県《いわてけん》）、富《ふ》士山《じさん》―信仰《しんこう》の対象《たいしょう》と芸術《げいじゅつ》の源泉《げんせん》（山梨県《やまなしけん》・静岡県《しずおかけん》）、富岡製糸場《とみおかせいしじょう》と絹《きぬ》産業遺産群《さんぎょういさんぐん》（群馬県《ぐんまけん》）、明治日本《めいじにほん》の産業革命遺産《さんぎょうかくめいいさん》　製鉄《せいてつ》・製鋼《せいこう》、造船《ぞうせん》、石炭産業《せきたんさんぎょう》（福岡県《ふくおかけん》・佐賀県《さがけん》・長崎県《ながさきけん》・熊本県《くまもとけん》・鹿児島県《かごしまけん》・山口県《やまぐちけん》・岩手《いわて》県《けん》・静岡県《しずおかけん》）、ル・コルビュジエの建築作品《けんちくさくひん》―近代建築運動《きんだいけんちくうんどう》への顕著《けんちょ》な貢献《こうけん》―（東京都《とうきょうと》）、「神宿《かみやど》る島《しま》」宗像《むなかた》・沖ノ島《おきのしま》と関連遺産群《かんれんいさんぐん》（福岡県《ふくおかけん》）
自然《しぜん》遺産《いさん》	屋久島《やくしま》（鹿児島県《かごしまけん》）、白神山地《しらかみさんち》（青森県《あおもりけん》・秋田県《あきたけん》）、知床《しれとこ》（北海道《ほっかいどう》）、小笠《おがさ》原諸島《わらしょとう》（東京都《とうきょうと》）→3巻《かん》5ページ

山梨県《やまなしけん》と静岡県《しずおかけん》にまたがる富士山《ふじさん》は、2013年6月、「富士山《ふじさん》―信仰《しんこう》の対象と芸術《げいじゅつ》の源泉《げんせん》」として、世界文化遺産《せかいぶんかいさん》に登録された。

世界《せかい》の記憶《きおく》

→1巻《かん》11ページ

ユネスコが1992年から始めた国際的《こくさいてき》な文化事業の1つ。世界各国に残されている歴史的に貴重《きちょう》な文書、絵画、映画《えいが》、楽譜《がくふ》などの史料を保全《ほぜん》し、後世に伝えることを目的とする。オランダの『アンネの日記』、フランスの「人権宣言《じんけんせんげん》」をはじめ、日本からは山本作兵衛《やまもとさくべえ》の炭鉱《たんこう》の記録画・記録文書697点のほか、『御堂関白記《みどうかんぱくき》』や「慶長遣欧使節関係資料《けいちょうけんおうしせつかんけいしりょう》」などが登録されている。

慶長遣欧使節関係資料《けいちょうけんおうしせつかんけいしりょう》の1つ「支倉常長像《はせくらつねながぞう》」。

宣教師《せんきょうし》

5巻《かん》14・15・17・43ページ

キリスト教を外国に広めるために派遣《はけん》された伝道《でんどう》師《し》。15世紀末、航海技術《こうかいぎじゅつ》が発達した、いわゆる大航海時代に入ると、多くのカトリック（キリスト教の一派《ぱ》）の宣教師《せんきょうし》がアジアやアメリカへと向かった。

日本にはじめてやって来たのはフランシスコ・ザビエルで、1549年のこと。その後来日したルイス・フロイス、ヴァリニャーノといった宣教師《せんきょうし》たちも広く知られている。キリスト教の布教《ふきょう》だけでなく、日本に西洋文明を持ちこんだ点でも、彼《かれ》らの存在《そんざい》は大きなものだった。長崎県《ながさきけん》で最初にキリスト教が伝わった平戸《ひらど》には、平戸《ひらど》ザビエル記念教会《きねんきょうかい》がある。

戦争遺跡《せんそういせき》

5巻《かん》22～27、6巻《かん》16～21ページ

現在《げんざい》まで残っている、軍事施設《ぐんじしせつ》や戦争で被害《ひがい》を受けた建造物《けんぞうぶつ》などのこと。広い意味では、古代や中世の合戦場や城郭《じょうかく》なども含《ふく》まれるが、一般的《いっぱんてき》には、近代的な軍制《ぐんせい》がはじまった明治時代以降《めいじじだいいこう》、太平洋戦争《たいへいようせんそう》までのものをいう。

戦争の悲惨《ひさん》さ・平和の尊《とうと》さを伝える素材《そざい》として注目されるようになり、1990年代以降《いこう》、調査《ちょうさ》や保存《ほぞん》運動がさかんになった。

長崎市《ながさきし》の松山町防空壕群跡《まつやままちぼうくうごうぐんあと》。原子爆弾《げんしばくだん》の落下地点から100mの位置にあり、わずかに生き残った人がこの中で苦しみながら死んでいったという。

沖縄県那覇市《おきなわけんなはし》の旧海軍司令部壕《きゅうかいぐんしれいぶごう》。太平洋戦争《たいへいようせんそう》の沖縄戦《おきなわせん》で、日本海軍の司令部《しれいぶ》が置かれた地下壕《ちかごう》。

た

大名屋敷《だいみょうやしき》

3巻《かん》16・20ページ

江戸時代《えどじだい》、参勤交代《さんきんこうたい》で江戸《えど》（現在《げんざい》の東京）への居住《きょじゅう》を強制《きょうせい》された諸大名《しょだいみょう》に対して幕府《ばくふ》からあたえられた江戸《えど》にある屋敷《やしき》のこと。大名《だいみょう》の正妻《せいさい》や跡《あと》つぎの子どもが住んでいた。

大名《だいみょう》は、本邸《ほんてい》である「上屋敷《かみやしき》」のほかに、「中屋敷《なかやしき》」や「下屋敷《しもやしき》」といって、隠居《いんきょ》した藩主《はんしゅ》の屋敷《やしき》や大きな庭のある別邸《べってい》もあたえられるようになった。

いずれも広大な屋敷《やしき》が多く、六義園《りくぎえん》、小石川後楽園《こいしかわこうらくえん》など庭園として残されているものがあり、昔のおもかげをたどることができる。しかし、幕末《ばくまつ》から明治維新《めいじいしん》のころに荒廃《こうはい》し、現在《げんざい》は、学校や公園、公共《こうきょう》施設《しせつ》などに利用されている場所も多い。

おもな大名屋敷跡地《だいみょうやしきあとち》

現在《げんざい》の場所・建物《たてもの》	藩《はん》	3巻掲載《かんけいさい》ページ
日比谷公園《ひびやこうえん》	長州藩上屋敷《ちょうしゅうはんかみやしき》	11ページ
小石川後楽園《こいしかわこうらくえん》	水戸藩上屋敷《みとはんかみやしき》	16ページ
六義園《りくぎえん》	郡山藩下屋敷《こおりやまはんしもやしき》	20ページ
東京大学本郷《とうきょうだいがくほんごう》キャンパス	加賀藩上屋敷《かがはんかみやしき》	20ページ
迎賓館赤坂離宮《げいひんかんあかさかりきゅう》	紀州藩中屋敷《きしゅうはんなかやしき》	24ページ
法務省旧本館《ほうむしょうきゅうほんかん》	米沢藩上屋敷《よねざわはんかみやしき》	25ページ
六本木《ろっぽんぎ》ヒルズ	長府藩《ちょうふはん》*上屋敷《かみやしき》	28ページ
国立新美術館《こくりつしんびじゅつかん》	宇和島藩上屋敷《うわじまはんかみやしき》	33ページ
皇居前広場《こうきょまえひろば》	会津藩上屋敷《あいづはんかみやしき》	18ページ
防衛省《ぼうえいしょう》	尾張藩上屋敷《おわりはんかみやしき》	10ページ
国土交通省《こくどこうつうしょう》	広島藩上屋敷《ひろしまはんかみやしき》	11ページ
外務省《がいむしょう》	福岡藩上屋敷《ふくおかはんかみやしき》	11ページ

＊長府藩《ちょうふはん》は、長州藩《ちょうしゅうはん》の支藩《しはん》。

東京大学赤門《とうきょうだいがくあかもん》。加賀藩《かがはん》の上屋敷《かみやしき》の門で、1827年に建てられた。

長州藩《ちょうしゅうはん》の上屋敷《かみやしき》があった、日比谷公園《ひびやこうえん》。

庭園

1巻《かん》14〜16・33ページ、2巻《かん》9ページ、3巻《かん》16・20・26ページ、5巻《かん》20ページ、6巻《かん》13ページ

伝統的《でんとうてき》な日本庭園の様式は、池泉庭園《ちせんていえん》、枯山水《かれさんすい》、露地《ろじ》に分けられる。

平安時代には、寝殿造《しんでんづくり》とともに、池泉庭園《ちせんていえん》や、極楽浄土《ごくらくじょうど》を再現《さいげん》しようとした浄土庭園《じょうどていえん》が発達。室町時代《むろまちじだい》には、禅宗《ぜんしゅう》の寺院を中心に枯山水《かれさんすい》がさかんにつくられた。また、茶の湯の発展《はってん》とともに、露地《ろじ》も発展《はってん》していった。

江戸時代《えどじだい》の大名《だいみょう》は、園内をめぐって鑑賞《かんしょう》する広大な回遊式庭園をつくらせた。こうした庭は、大名式庭園《だいみょうしきていえん》ともよばれている。

▲水を使わず、砂《すな》に模様《もよう》をつけ、石を置くことで自然の風景を表現《ひょうげん》する。京都府《きょうとふ》の龍安寺《りょうあんじ》の石庭（写真）などが有名。

▲浄土庭園《じょうどていえん》を小さく簡素化《かんそか》した庭で、座敷《ざしき》や部屋の中から鑑賞《かんしょう》できるようにつくられている。京都府《きょうとふ》の二条城《にじょうじょう》の二《に》の丸《まる》庭園《ていえん》（写真）などが代表的。

▲リュウキュウマツなど、ほかの地域《ちいき》では見られない植物などがある。有名な庭園に、世界遺産《せかいいさん》の識名園《しきなえん》（写真）がある。

▲池を中心とする庭。自然の風景を、水を使って表現《ひょうげん》する様式。写真は、京都市の神泉苑《しんせんえん》。

◀広大な敷地《しきち》に道をつくり、橋や茶亭《ちゃてい》などをめぐることができる様式。代表的なものに、日本三名園の石川県金沢市《いしかわけんかなざわし》の兼六園《けんろくえん》（写真）がある。

◀茶室とともにつくられた庭。茶庭ともよばれる。手を洗《あら》うためのつくばいや、腰掛《こしかけ》、石灯籠《いしどうろう》、つたい歩くための飛び石などがある。

庭づくりの「ワールドカップ」

長崎市《ながさきし》にあるテーマパーク、ハウステンボスで毎年秋に開催《かいさい》されている「花の世界大会」は、ガーデニングのワールドカップです。日本と世界各国から集結した、トップレベルのガーデンデザイナーやフラワーアーティストたちによるコンテストが行われます。

大規模《だいきぼ》なショーガーデンやホームガーデンから、小さなスモールガーデン、容器《ようき》に植えるコンテナガーデンやフラワーアレンジメントにいたるまで、多くのはなやかな作品が、来場者を楽しませています。

伝統芸能《でんとうげいのう》

➡ 1巻《かん》41ページ、2巻《かん》37ページ、3巻《かん》6ページ、6巻《かん》32・33ページ

日本各地に古くから伝わる芸術《げいじゅつ》や芸能《げいのう》のことをいう。地域《ちいき》によっては、外国などの影響《えいきょう》を受けつつ、独自《どくじ》に発展《はってん》したものもみられる。おもなものに、雅《が》楽《がく》、能楽《のうがく》、文楽《ぶんらく》、歌舞伎《かぶき》などがあげられる。

また、生活に密着《みっちゃく》した形で各地で発展《はってん》し、死者のとむらいや、豊作祈願《ほうさくきがん》のために行われる芸能《げいのう》を「民《みん》俗芸能《ぞくげいのう》」という。これも伝統芸能《でんとうげいのう》の一部である。なかには、後世に残すべきものとしてユネスコの無形《むけい》文化遺産《ぶんかいさん》に登録《とうろく》されているものもある。

ユネスコ無形文化遺産《むけいぶんかいさん》として登録された伝統芸能《でんとうげいのう》

能楽《のうがく》、人形浄瑠璃文楽《にんぎょうじょうるりぶんらく》 ➡ 2巻《かん》37ページ、歌舞伎《かぶき》 ➡ 3巻《かん》6ページ、雅楽《ががく》、日《ひ》立風流物《たちふりゅうもの》（茨城県《いばらきけん》）、京都祇園祭《きょうとぎおんまつり》の山鉾行事《やまほこぎょうじ》（京都府《きょうとふ》） ➡ 1巻《かん》41ページ、甑島《こしきじま》のトシドン（鹿児島県《かごしまけん》）、奥能登《おくのと》のあえのこと（石川県《いしかわけん》）、早池峰神楽《はやちねかぐら》（岩手県《いわてけん》）、秋保《あきう》の田植踊《たうえおどり》（宮城県《みやぎけん》）、チャッキラコ（神奈川県《かながわけん》）、大日堂舞《だいにちどうぶ》楽《がく》（秋田県《あきたけん》）、題目立《だいもくたて》（奈良県《ならけん》）、アイヌ古式舞踊《こしきぶよう》（北海道《ほっかいどう》）、組踊《くみおどり》（沖縄県《おきなわけん》）、壬生《みぶ》の花田植《はなたうえ》（広島県《ひろしまけん》）、佐陀神能《さだしんのう》（島根県《しまねけん》）、那智《なち》の田楽《でんがく》（和歌山県《わかやまけん》）など

➡ 2巻《かん》26ページ

▲飛鳥時代《あすかじだい》に中国から伝わった蹴鞠《けまり》。『日本書紀《にほんしょき》』にも記されていた蹴鞠《けまり》を20年かかって復元《ふくげん》。約1300年ぶりによみがえった。

➡ 5巻《かん》12ページ

▲「長崎《ながさき》くんち」で行われる龍踊《じゃおど》り。江戸時代《えどじだい》に中国から伝わったという。張《は》り子《こ》の大きな龍《りゅう》をつくり、頭上にかかげて、ねり歩く。

伝統工芸品《でんとうこうげいひん》

➡ 1巻《かん》5ページ、2巻《かん》5・30ページ、4巻《かん》21・29ページ、5巻《かん》40ページ、6巻《かん》5・32・33ページ

地域《ちいき》で代々継承《けいしょう》されてきた技術《ぎじゅつ》によってつくられる日用品を、伝統工芸品《でんとうこうげいひん》という。なかでも長い歴史があり、技術的《ぎじゅつてき》にすぐれたものは、経済産業省《けいざいさんぎょうしょう》に「伝統的工芸品《でんとうてきこうげいひん》」に指定される。2018年４月時点で230件ある。なかには、ユネスコの無形文化遺産《むけいぶんかいさん》に登録されているものもある。

経済産業省《けいざいさんぎょうしょう》が定《さだ》めた伝統的工芸品《でんとうてきこうげいひん》の条件《じょうけん》

1	主として日常生活《にちじょうせいかつ》で使用する工芸品であること。
2	製造工程《せいぞうこうてい》のうち、製品《せいひん》のもち味に大きな影響《えいきょう》をあたえる部分は、手作業が中心であること。
3	100年以上の歴史を有し、今日まで継続《けいぞく》している伝統的《でんとうてき》な技術《ぎじゅつ》・技《ぎ》法《ほう》により製造《せいぞう》されるものであること。
4	主たる原材料が原則《げんそく》として100年以上継続的《けいぞくてき》に使用されていること。
5	一定の地域《ちいき》で当該《とうがい》工芸品を製造《せいぞう》する事業者がある程度《ていど》の規模《きぼ》を保《たも》ち、地域産業《ちいきさんぎょう》として成立していること。

➡ 1巻《かん》5ページ

▲西陣織《にしじんおり》（京都府《きょうとふ》）。

➡ 2巻《かん》5ページ

▲奈良筆《ならふで》（奈良県《ならけん》）。

➡ 2巻《かん》30ページ

▲大阪欄間彫刻《おおさからんまちょうこく》（大阪府《おおさかふ》）。

➡ 4巻《かん》29ページ

▲鎌倉彫《かまくらぼり》（神奈川県《かながわけん》）。

➡ 5巻《かん》40ページ

▲博多織《はかたおり》（福岡県《ふくおかけん》）。

➡ 6巻《かん》5ページ

▲琉球漆器《りゅうきゅうしっき》（沖縄県《おきなわけん》）。

ユネスコ無形文化遺産《むけいぶんかいさん》として登録された伝統工芸品《でんとうこうげいひん》

小千谷縮《おぢやちぢみ》・越後上布《えちごじょうふ》（新潟県魚沼地方《にいがたけんうおぬまちほう》の麻織物《あさおりもの》の製造技術《せいぞうぎじゅつ》）、石州半紙《せきしゅうばんし》（島根県《しまねけん》西部《せいぶ》の石州地域《せきしゅうちいき》の製紙技術《せいしぎじゅつ》）、結城紬《ゆうきつむぎ》（茨城県《いばらきけん》、栃木県《とちぎけん》の絹織物技術《きぬおりものぎじゅつ》）、本美濃《ほんみの》紙《し》（岐阜県美濃市《ぎふけんみのし》の製紙技術《せいしぎじゅつ》）、細川紙《ほそかわし》（埼玉県小川町《さいたまけんおがわまち》・東秩父村《ひがしちちぶむら》の製紙技術《せいしぎじゅつ》）

徳川家光《とくがわいえみつ》（1604～1651年）

➡1巻《かん》12・33ページ、3巻《かん》17～19・21ページ、4巻《かん》5・7～12・14ページ

徳川家康《とくがわいえやす》の孫にあたる、江戸幕府《えどばくふ》の３代将軍《しょうぐん》。

1623年、将軍《しょうぐん》になると、幕府《ばくふ》のそれぞれの役職《やくしょく》の権限《けんげん》を明確《めいかく》にし、幕府《ばくふ》のしくみを整えた。また、諸大名《しょだいみょう》を統制《とうせい》する「武家諸法度《ぶけしょはっと》」を改《あらた》め、各地の大《だい》名《みょう》を定期的に江戸《えど》に参らせる「参勤交代《さんきんこうたい》」の制度《せいど》を定め、江戸幕府《えどばくふ》の政治《せいじ》の基礎《きそ》を築《きず》いた。

キリシタンを弾圧《だんあつ》し、長崎以外《ながさきいがい》での外国との貿易《ぼうえき》や往来《おうらい》を禁止《きんし》する鎖国《さこく》の体制《たいせい》を完成させた。

また、火災《かさい》で大《おお》きな被害《ひがい》を受《う》けた清水寺《きよみずでら》の再建《さいけん》や、江戸城《えどじょう》に５階建ての天守《てんしゅ》を建築《けんちく》しただけでなく、家《いえ》康《やす》の墓所《ぼしょ》、日光東照宮《にっこうとうしょうぐう》を豪華絢爛《ごうかけんらん》なつくりに大規模《だいきぼ》改築《かいちく》するなどした。日光山輪王寺《にっこうざんりんのうじ》の大猷院《たいゆういん》にねむる。

◀大猷院《たいゆういん》の拝殿《はいでん》。家光《いえみつ》の「祖父家康《そふいえやす》の墓所《ぼしょ》、日光東照宮《にっこうとうしょうぐう》をしのぐほど派手《はで》にしてはならない」という遺言《ゆいごん》にしたがってつくられた。

徳川家康《とくがわいえやす》（1542～1616年）

➡1巻《かん》31・33ページ、3巻《かん》6・16～19・21・22ページ、4巻《かん》5・8～11・15ページなど

江戸幕府《えどばくふ》の初代将軍《しょだいしょうぐん》。織田信長《おだのぶなが》、豊臣秀吉《とよとみひでよし》に仕え、秀吉《ひでよし》の天下統一《てんかとういつ》に協力。秀吉《ひでよし》に関東へうつるよう命じられ、江戸城《えどじょう》を本拠地《ほんきょち》として関東地方をおさめた。

関ヶ原《せきがはら》の戦いで勝利し、1603年、自《みずか》ら再建《さいけん》した京都《きょうと》の伏見城《ふしみじょう》で征夷大将軍《せいいたいしょうぐん》となり、江戸幕府《えどばくふ》を開いた。息子の秀忠《ひでただ》に将軍職《しょうぐんしょく》をゆずった後は、駿府《すんぷ》（現《げん》在《ざい》の静岡市《しずおかし》）に引退《いんたい》したが、実権《じっけん》をにぎり続け、「大坂夏《おおさかなつ》の陣《じん》」で豊臣氏《とよとみし》を滅《ほろ》ぼした。死後は日光東《にっこうとう》照宮《しょうぐう》に祀《まつ》られた。

家康《いえやす》の足跡《そくせき》がたどれる地

寺や城《しろ》	所在地《しょざいち》	掲載巻《けいさいかん》とページ
岡崎城《おかざきじょう》（誕生地《たんじょうち》）	愛知県《あいちけん》	–
江戸城跡《えどじょうあと》（皇居《こうきょ》）	東京都《とうきょうと》	➡3巻《かん》18・19ページ
二条城《にじょうじょう》	京都府《きょうとふ》	➡1巻《かん》33ページ
駿府城跡《すんぷじょうあと》	静岡県《しずおかけん》	–
日光東照宮《にっこうとうしょうぐう》	栃木県《とちぎけん》	➡4巻《かん》8～11ページ
久能山東照宮《くのうざんとうしょうぐう》	静岡県《しずおかけん》	–

豊臣秀吉《とよとみひでよし》（1537～1598年）

➡1巻《かん》30～32ページ、2巻《かん》32ページ、4巻《かん》15ページなど

天下統一《てんかとういつ》を成しとげた武将《ぶしょう》。足軽《あしがる》として、織田信《おだのぶ》長《なが》に仕えて戦《いくさ》で手柄《てがら》をあげ、大名《だいみょう》「羽柴秀吉《はしばひでよし》」となった。1582年に信長《のぶなが》が亡《な》くなった後、後継者争《こうけいしゃあらそ》いに勝ち、四国・九州を手中に収《おさ》め、最後に関東の北条《ほうじょう》氏《し》も滅《ほろ》ぼして、1590年に天下を統一《とういつ》した。この間に、本拠《ほんきょ》となる大坂城《おおさかじょう》を築《きず》いた。また、関白《かんぱく》（天皇《てんのう》を補《ほ》佐《さ》する職《しょく》）となり「豊臣秀吉《とよとみひでよし》」を名乗った。京都《きょうと》には聚楽第《じゅらくだい》を築《きず》き、検地《けんち》や刀狩《かたながり》の政策《せいさく》で、兵農分離《へいのうぶんり》（武士《ぶし》と農民の身分を分ける）を進めた。

晩年《ばんねん》は、京都《きょうと》の方広寺《ほうこうじ》に大仏《だいぶつ》をつくり、明《みん》（今の中国）の征服《せいふく》を狙《ねら》って朝鮮《ちょうせん》に２度出兵したが、失敗。1598年に病死した。死後、京都《きょうと》には秀吉《ひでよし》を祀《まつ》る豊《とよ》国神社《くにじんじゃ》がつくられた。

▶豊臣秀吉《とよとみひでよし》が大坂《おおさか》城《じょう》を築城《ちくじょう》したのは1583年のこと。現《げん》在《ざい》の大阪城天守閣《おおさかじょうてんしゅかく》は1931（昭和6）年に再《さい》建《けん》されたものだ。

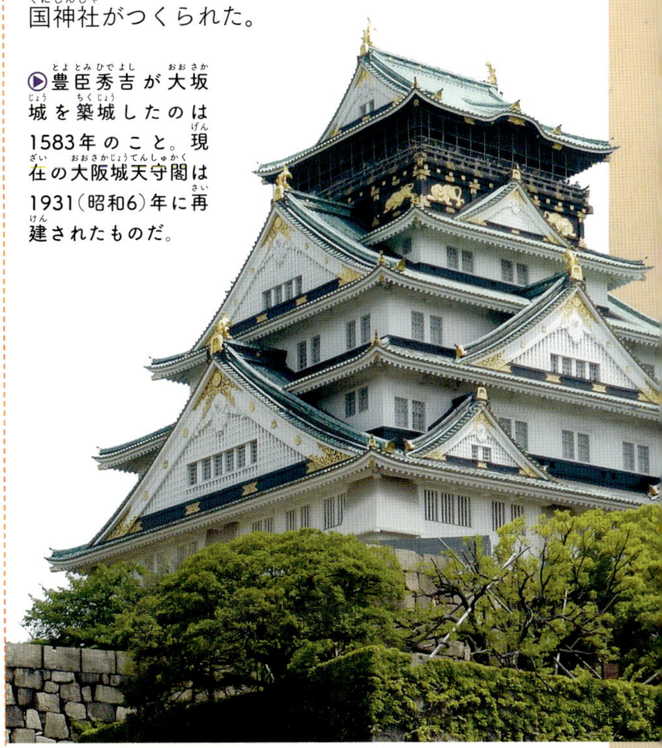

秀吉《ひでよし》の足跡《そくせき》がたどれる地

寺や城《しろ》など	所在地《しょざいち》	掲載巻《けいさいかん》とページ
中村公園《なかむらこうえん》（誕生地《たんじょうち》・名古屋市《なごやし》）	愛知県《あいちけん》	–
長浜城《ながはまじょう》	滋賀県《しがけん》	–
姫路城《ひめじじょう》	兵庫県《ひょうごけん》	–
大阪城天守閣《おおさかじょうてんしゅかく》（大坂城《おおさかじょう》）	大阪府《おおさかふ》	➡2巻《かん》32ページ
聚楽第跡《じゅらくだいあと》	京都府《きょうとふ》	➡1巻《かん》30ページ
方広寺《ほうこうじ》	京都府《きょうとふ》	➡1巻《かん》31ページ
豊国神社《とよくにじんじゃ》	京都府《きょうとふ》	➡1巻《かん》32ページ
高台寺《こうだいじ》	京都府《きょうとふ》	➡1巻《かん》31ページ
豊國神社《ほうこくじんじゃ》	大阪府《おおさかふ》	–

は

仏像《ぶつぞう》

1巻《かん》29ページ、2巻《かん》10・11・13・20・26ページ、4巻《かん》32・33ページ

仏像《ぶつぞう》とは、仏《ほとけ》の姿《すがた》を彫刻《ちょうこく》や絵画で表したもの。おもに如来像《にょらいぞう》、菩薩像《ぼさつぞう》、明王像《みょうおうぞう》、天部像《てんぶぞう》の４種に分けられる。

如来《にょらい》は完全な「悟《さと》り」に到達《とうたつ》した者のことで、仏教《ぶっきょう》の開祖《かいそ》、釈迦《しゃか》のこと。東大寺《とうだいじ》の盧舎那仏《るしゃなぶつ》（奈良県《ならけん》）、飛鳥寺《あすかでら》の飛鳥大仏《あすかだいぶつ》（奈良県《ならけん》）、鎌倉《かまくら》の大仏《だいぶつ》（神奈川県《かながわけん》）などが有名だ。菩薩《ぼさつ》は悟《さと》りを求め、人々を救おうと修行《しゅぎょう》を重ねる者のことで、三十三間堂《さんじゅうさんげんどう》の千手観音像《せんじゅかんのんぞう》（京都府《きょうとふ》）、中宮寺《ちゅうぐうじ》の菩薩半跏像《ぼさつはんかぞう》（奈良県《ならけん》）、長谷寺《はせでら》の十一面観音菩薩像《じゅういちめんかんのんぼさつぞう》（神奈川県《かながわけん》）がその例だ。明王《みょうおう》は悪魔《あくま》から仏教《ぶっきょう》を守る不動明王《ふどうみょうおう》などのことで、鹿苑寺《ろくおんじ》（京都府《きょうとふ》）や、東大寺法華堂《とうだいじほっけどう》（奈良県《ならけん》）の不動明王像《ふどうみょうおうぞう》が知られている。天部《てんぶ》は人間界の上にある「天」に住む者のこと。東大寺《とうだいじ》の金剛力士像《こんごうりきしぞう》は天部《てんぶ》の金剛力士《こんごうりきし》を描《えが》いている。

仏像《ぶつぞう》の制作技法《せいさくぎほう》

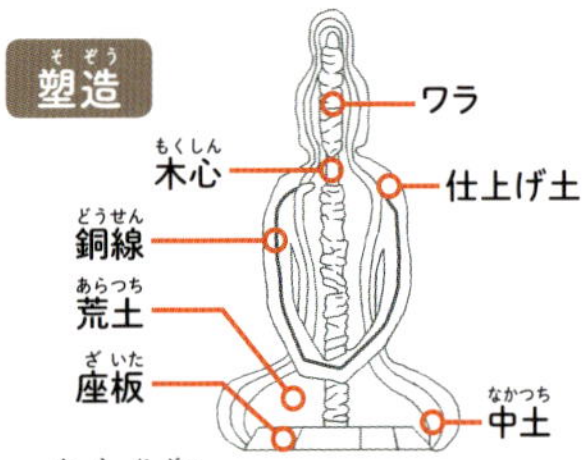

▲奈良時代《ならじだい》にさかんになった技法《ぎほう》。「木心《もくしん》」という骨格《こっかく》を組み、その上に何種類かの粘土《ねんど》をぬり、つくっていく。奈良市《ならし》新薬師寺《しんやくしじ》の十二神将立像《じゅうにしんしょうりつぞう》はこの技法《ぎほう》でつくられている。

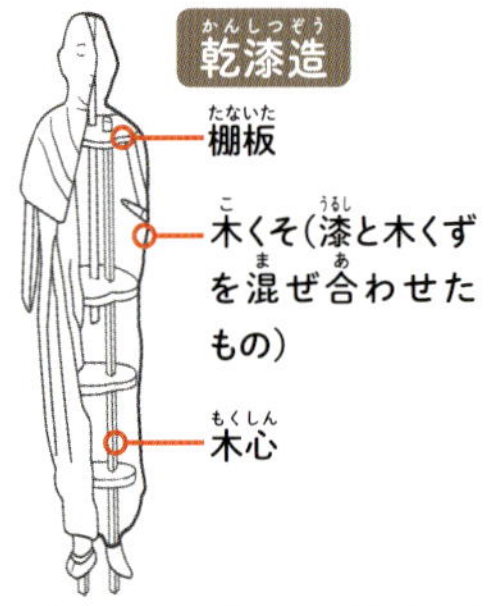

▲「脱活乾漆造《だっかつかんしつぞう》」と「木心乾漆造《もくしんかんしつぞう》」がある。「脱活乾漆造《だっかつかんしつぞう》」は、麻布《あさぬの》を漆《うるし》で貼《は》り重《かさ》ね、形をつくったものに木心《もくしん》を入れ、表面に木《こ》くそを盛《も》り成形する。奈良《なら》県興福寺《けんこうふくじ》の阿修羅像《あしゅらぞう》が代表的。

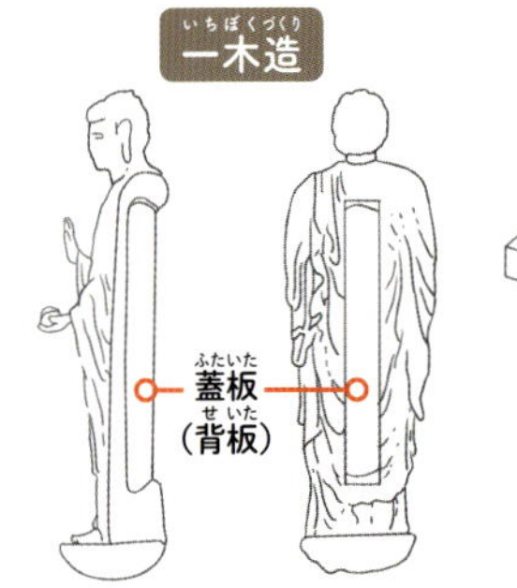

▲１本の木から仏像《ぶつぞう》を彫《ほ》り出《だ》す。「霊木《れいぼく》などの力を仏像《ぶつぞう》に宿す」という考えの影響《えいきょう》もみられる技法《ぎほう》。平安時代にもっともさかんになった。新薬師寺《しんやくしじ》の本尊《ほんぞん》薬師如来坐像《やくしにょらいざぞう》などが代表的。

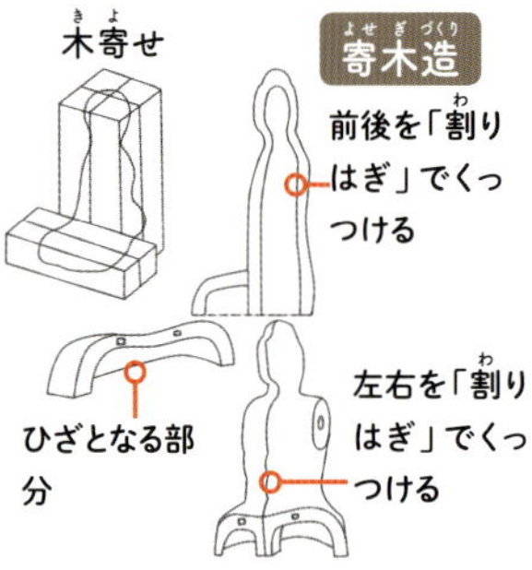

▲複数《ふくすう》の木材を組みあわせてつくる。この技法《ぎほう》で、複数人《ふくすうにん》で作業を分担《ぶんたん》できるようになった。東大寺南大門《とうだいじなんだいもん》の金剛力士像《こんごうりきしぞう》や中宮寺《ちゅうぐうじ》の菩薩半跏像《ぼさつはんかぞう》などがこの技法《ぎほう》でつくられている。

文化財保護法《ぶんかざいほごほう》

2巻《かん》19ページ

法隆寺《ほうりゅうじ》の金堂《こんどう》が火事になり、貴重《きちょう》な壁画《へきが》が焼けてしまったことをきっかけに、1950（昭和25）年、それまでにあった国宝保存法《こくほうほぞんほう》・重要美術品等《じゅうようびじゅつひんとう》の保存《ほぞん》に関する法律《ほうりつ》・史跡名勝天然記念物保存法《しせきめいしょうてんねんきねんぶつほぞんほう》などを統合《とうごう》して誕生《たんじょう》した。貴重《きちょう》な文化財《ぶんかざい》を守り、活用しながら文化を発展《はってん》させていくことを目的としている。

文化財《ぶんかざい》の指定、選定《せんてい》、登録《とうろく》は、文部科学大臣《もんぶかがくだいじん》が文化審議会《ぶんかしんぎかい》で意見を求め、その結果を受けて行うことになっている。

▲建築物《けんちくぶつ》、絵画や彫刻《ちょうこく》・工芸品《こうげいひん》などの美術工芸品《びじゅつこうげいひん》のうち、重要なものが重要文化財《じゅうようぶんかざい》として指定される。

▲重要文化財《じゅうようぶんかざい》に指定されるもののうち、さらに価値《かち》が高く、重要なものが国宝《こくほう》となる。

▲城跡《じょうせき》や古墳《こふん》、歴史上の人物の旧宅《きゅうたく》など、歴史的に重要な場所が指定される。

▲史跡《しせき》の中でも、とくに重要なものが特別史跡《とくべつしせき》となる。

▲庭園や橋など人工的につくられたものや、海浜《かいひん》や山など自然がつくり出す景観のうち、美しく、重要なものが指定される。

▲名勝に指定されるもののうち、さらに価値《かち》が高く、重要なものが、特別名勝《とくべつめいしょう》として指定される。

文化のうつり変わり

日本の文化は、中国と仏教《ぶっきょう》の影響《えいきょう》を大きく受けてきた。また、貴族《きぞく》から武士《ぶし》へと政治《せいじ》をになう勢力《せいりょく》が変わると、文化もそれにともなって変化していった。そして江戸時代《えどじだい》には町人の文化が生まれていく。

	文化
飛《あ》鳥《すか》時《じ》代《だい》	**【飛鳥文化《あすかぶんか》】** 遣隋使《けんずいし》の派遣《はけん》により、中国からもたらされた仏教文化《ぶっきょうぶんか》の影響《えいきょう》が強くみられる文化。聖徳太子《しょうとくたいし》や蘇我氏《そがし》は仏教《ぶっきょう》を積極的に保護《ほご》し、奈《な》良県《らけん》の法隆寺《ほうりゅうじ》や飛鳥寺《あすかでら》、大阪府《おおさかふ》の四天王寺《してんのうじ》などを建立《こんりゅう》した。飛鳥《あすか》文化《ぶんか》を代表する法隆寺《ほうりゅうじ》には、朝鮮《ちょうせん》・中国だけでなく、中央アジア・西アジアの影響《えいきょう》もみられる。
奈《な》良《ら》時《じ》代《だい》	**【天平文化《てんぴょうぶんか》】** 仏教《ぶっきょう》があつく信仰《しんこう》され、奈良県《ならけん》の東大寺《とうだいじ》の大仏《だいぶつ》や唐招提寺《とうしょうだいじ》、興福《こうふく》寺阿修羅像《じあしゅらぞう》など多くの寺や仏像《ぶつぞう》が建立《こんりゅう》された。また、律令国家《りつりょうこっか》として国が発展《はってん》していくとともに、『古事記《こじき》』『日本書紀《にほんしょき》』などの国史をはじめ、歌集の『万葉集《まんようしゅう》』などもまとめられた。
平《へい》安《あん》時《じ》代《だい》	**【国風文化《こくふうぶんか》】** 平安中期《へいあんちゅうき》から栄えた貴族《きぞく》による文化。遣唐使《けんとうし》の停止により、中国との交流が減《へ》ったことで日本独自《どくじ》の国風文化《こくふうぶんか》が栄えた。仮名文字《かなもじ》が生まれ、紫式部《むらさきしきぶ》の『源氏物語《げんじものがたり》』など女流文学《じょりゅうぶんがく》が誕生《たんじょう》した。
鎌《かま》倉《くら》時《じ》代《だい》	**【鎌倉文化《かまくらぶんか》】** 鎌倉《かまくら》の武士《ぶし》たちが、質素《しっそ》で素朴《そぼく》な寺院や仏像《ぶつぞう》を生み出した。鎌倉《かまくら》には大仏《だいぶつ》がつくられ、『平家物語《へいけものがたり》』などの軍記物が好まれた。力強い武士《ぶし》の文化の影響《えいきょう》を受け、東大寺《とうだいじ》の金剛力士像《こんごうりきしぞう》などがつくられたのもこのころ。一方、京都《きょうと》の貴族《きぞく》たちは優美《ゆうび》な和歌《わか》や随筆《ずいひつ》を好んだ。
室《むろ》町《まち》時《じ》代《だい》	**【室町文化《むろまちぶんか》】** 室町幕府《むろまちばくふ》が京都に成立すると、金閣《きんかく》に代表される、武士《ぶし》と貴族《きぞく》の文化がとけあった「北山文化《きたやまぶんか》」や、銀閣《ぎんかく》に代表される、武士《ぶし》が禅宗《ぜんしゅう》に影響《えいきょう》を受けた「東山文化《ひがしやまぶんか》」などが生まれた。
安《あ》土《づち》桃《もも》山《やま》時《じ》代《だい》	**【桃山文化《ももやまぶんか》】** 織田信長《おだのぶなが》や豊臣秀吉《とよとみひでよし》など、戦国大名《せんごくだいみょう》が生み出したはなやかな文化。大名《だいみょう》たちは、自《みずか》らの力を示《しめ》すため大きく豪華《ごうか》な城《しろ》を築《きず》いた。秀吉《ひでよし》が築城《ちくじょう》した大坂城《おおさかじょう》も、巨大《きょだい》な石を使った石垣《いしがき》や豪壮《ごうそう》な天守《てんしゅ》をもつ城《しろ》だった。キリスト教の伝来とともに、宣教師《せんきょうし》たちがもたらした芸術《げいじゅつ》、印刷技術《いんさつぎじゅつ》、医学、天文学、地理、航海術《こうかいじゅつ》や造船技術《ぞうせんぎじゅつ》などは南《なん》蛮文化《ばんぶんか》とよばれた。
江《え》戸《ど》時《じ》代《だい》	**【元禄文化《げんろくぶんか》】** 元禄年間《げんろくねんかん》(1688～1704年)を中心とする江戸前期《えどぜんき》の文化。武士や大坂《おおさか》など上方《かみがた》の豪商《ごうしょう》を中心に、活動的かつ合理的な町人気質が特徴《とくちょう》。井原西鶴《いはらさいかく》の『日本永代蔵《にっぽんえいたいぐら》』などの浮世草子《うきよぞうし》(小説)をはじめ、歌舞伎《かぶき》や人形浄瑠璃《にんぎょうじょうるり》も発展《はってん》した。
	【化政文化《かせいぶんか》】 文化《ぶんか》・文政《ぶんせい》年間(1804～1830年)のころの文化。文化の中心は江《え》戸《ど》へうつり、町人たちが主役となった。旅が人々の楽しみとなり、十返舎一九《じっぺんしゃいっく》の小説『東海道中膝栗毛《とうかいどうちゅうひざくりげ》』や歌川広重《うたがわひろしげ》の浮世絵《うきよえ》『東海《とうかい》道五十三次《どうごじゅうさんつぎ》』などが人気をよんだ。歌舞伎《かぶき》がブームとなり、役者《やくしゃ》を描《えが》いた浮世絵《うきよえ》も人気を集めた。

鳳凰《ほうおう》

1巻《かん》14・17ページ

中国に伝わる伝説上の生き物。日本や朝鮮《ちょうせん》をはじめとする東アジア全域《ぜんいき》で、天に代わって国を治める「天子《てんし》」があらわれる前兆《ぜんちょう》と考えられていて、物語にも登場する。

よく寺などの装飾《そうしょく》やシンボルに用いられ、京都にある平等院鳳凰堂《びょうどういんほうおうどう》や鹿苑寺金閣《ろくおんじきんかく》の屋根に置かれたものが有名だ。祭りの神輿《みこし》の上や、一万円札にその姿《すがた》を見ることもできる。一説によればオスが「鳳《ほう》」でメスが「凰《おう》」であるという。

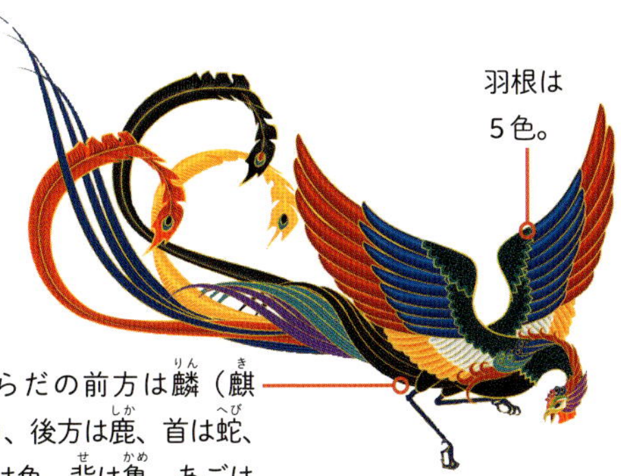

羽根は5色。

からだの前方は麟《りん》(麒《き》麟《りん》)、後方は鹿《しか》、首は蛇《へび》、尾《お》は魚、背《せ》は亀《かめ》、あごはツバメ、くちばしはニワトリに似《に》ている。

梧桐《ごとう》という木に宿る。竹の実を食べ、特別な泉《いずみ》からわき出る「醴泉《れいせん》」を飲むという。

鳳凰《ほうおう》のなかま？　「瑞獣《ずいじゅう》」たち

おめでたいできごとのきざしとして姿《すがた》を現《あらわ》すという想《そう》像上《ぞうじょう》の動物が「瑞獣《ずいじゅう》」です。とくに、麒麟《きりん》、鳳凰《ほうおう》、霊《れい》亀《き》、応龍《おうりゅう》の瑞獣《ずいじゅう》は、四霊《しれい》や四瑞《しずい》とよばれます。麒麟《きりん》や鳳《ほう》凰《おう》は、偉大《いだい》な人物の出現《しゅつげん》を予言し、強大な霊力《れいりょく》をもつ霊《れい》亀《き》はうらないに使われたといわれています。天地を行き来できる応龍《おうりゅう》は、雨を降《ふ》らせることができたといいます。

▲応龍《おうりゅう》

▲麒麟《きりん》

◀霊亀《れいき》

方言

➡1巻41ページ、2巻41・43ページ、5巻43ページ、6巻43ページ

教科書《きょうかしょ》の文章《ぶんしょう》やテレビのアナウンサーが話す「標準語《ひょうじゅんご》」に対して、ある地方だけで使われている独特《どくとく》の言葉のこと。単語そのものだけでなく、発音やアクセントがちがう場合もある。方言を調べてみると、その地域《ちいき》がどんな歴史を送ってきたか、ほかの地域《ちいき》とどういう交流があったかがわかる。自分の住んでいる地域《ちいき》と旅行先の言葉をくらべてみるのもおもしろい。

＊ここ紹介《しょうかい》している方言は一例です。

京都《きょうと》の方言

うち

わたし。女性《じょせい》が使う。

はんなり

「上品な明るさ」「すかっとしたさま」という意味。

ほっこり

本来は、心地よいつかれがあるさまをさす。今では「いやされる」という意味で使われる。

まったり

やわらかく、おだやかな味であること。

おきばりやす

がんばってください。

奈良《なら》の方言

ほうせき

おやつのこと。

まわり

準備《じゅんび》のこと。「はよまわりせぇや」などと使う。

もむない（もみない・ももない）

まずい。

はしかい

「すばしっこい」という意味。「かゆい」という意味で使われることもある。

おとんぼ

末っ子。「あの子、おとんぼやな」などと使う。

大阪《おおさか》の方言

あんじょー

うまく。じょうずに。

けったいな

へんな。「けったいなこと言わんといて」などと使う。

ぎょーさん

いっぱい。たくさん。

これ、なんぼ？

「これ、いくら？」という意味。「なんぼなんでも（いくらなんでも）」という使い方もする。

おおきに

ありがとう。

長崎《ながさき》の方言

ばってん

けれども。「目はよかばってん耳のとおーしてね」（目はいいんだけど、耳が遠くてね）などと使う。

いっちょん

少しも。全然。「いっちょんわからんばい」などと使う。

うったまぐる

びっくりする。「あんときはうったまげたばよなー」などと使う。

さとーやのとーか

「砂糖《さとう》を売っている店が遠い」という意味。このことから甘《あま》みが足りないときに使われる。

福岡《ふくおか》の方言

すいとー

好きだ。「あんたば好いとーと」などと使う。

がまだす

精《せい》を出す。がんばる。

とぜなか

退屈《たいくつ》だ。さびしい。「ひとりでとぜなかなー」などと使う。

ちかっぱ

とても。

しろしか

うっとうしい。もとは「じとじとと降《ふ》る雨にぬれる不《ふ》快感《かいかん》」をいった。

沖縄《おきなわ》の方言

ちゅらさん

美しい。「あれーちゅらさんどー」（あの人は美しい）などと使う。

なんくるないさ

「だいじょうぶ。なんとかなるよ」の意味。

ちばりよー

がんばれよ。

かりゆし

縁起《えんぎ》がよいこと。めでたいこと。

うちなーぐち

沖縄県《おきなわけん》の方言のこと。

ま

祀《まつ》られている神

神社に祀《まつ》られている神を「祭神《さいじん》」という。神社の多くは日本神話に登場する神々を祭神《さいじん》として祀《まつ》っている。京都の下鴨神社《しもがもじんじゃ》なら、賀茂《かも》建角身命《たけつぬみのみこと》や玉依媛命《たまよりひめのみこと》などが祭神《さいじん》となる。なかには、菅原道真《すがわらのみちざね》の霊《れい》をとむらうために建てられた福岡県《ふくおかけん》の太宰府天満宮《だざいふてんまんぐう》や、徳川家康《とくがわいえやす》を神と崇《あが》める栃木県《とちぎけん》の日光東照宮《にっこうとうしょうぐう》など、実在《じつざい》した人物を神と祀《まつ》る神社もある。

神として祀《まつ》られている人物

織田信長《おだのぶなが》

1巻《かん》30ページ（建勲神社《たけいさおじんじゃ》）

菅原道真《すがわらのみちざね》

1巻《かん》22ページ（北野天満宮《きたのてんまんぐう》）
3巻《かん》17ページ（湯島天神《ゆしまてんじん》）
5巻《かん》33ページ（太宰府天満宮《だざいふてんまんぐう》）

安倍晴明《あべのせいめい》

1巻《かん》24ページ（晴明神社《せいめいじんじゃ》）

豊臣秀吉《とよとみひでよし》

1巻《かん》32ページ（豊国神社《とよくにじんじゃ》）

徳川家康《とくがわいえやす》

4巻《かん》8ページ（日光東照宮《にっこうとうしょうぐう》）

絵馬

絵馬に描《えが》かれている絵柄《えがら》は、その神社の歴史やいわれに、深いかかわりがある。

日光東照宮《にっこうとうしょうぐう》

4巻《かん》表紙

河合神社《かわいじんじゃ》

1巻《かん》21ページ

上賀茂神社《かみがもじんじゃ》

1巻《かん》20ページ

八坂神社《やさかじんじゃ》

1巻《かん》19ページ

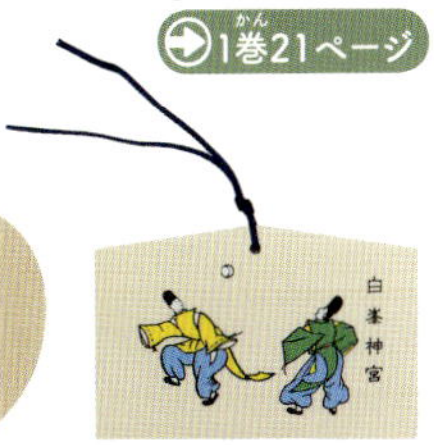

白峯神宮《しらみねじんぐう》

1巻《かん》24ページ

眷属《けんぞく》

神社の本殿《ほんでん》を守る役目をもち、祀《まつ》られている神と深い関係にある。

1巻《かん》23ページ

京都府伏見稲荷大社《きょうとふふしみいなりたいしゃ》のキツネ

京都府護王神社《きょうとふごおうじんじゃ》のイノシシ

知ってる？　神社での参拝《さんぱい》のしかた

まず参道《さんどう》の脇《わき》にある、御手洗《みたらし》や手水舎《ちょうずや》に行きましょう。ひしゃくで水をくみ、左手、右手と順に清め、左手に水を受けて口をすすぎます。拝殿《はいでん》の前に進み、鈴《すず》があれば鈴《すず》を鳴《な》らし、お賽銭《さいせん》を静かに入れ、深いおじぎを２回、柏手《かしわで》を２回打ち、ふたたび深くおじぎしましょう。これが基本的《きほんてき》な動作です。

神社によっては作法がちがう場合もあるので、その神社の作法にあわせましょう。

御手洗《みたらし》

鈴《すず》

賽銭箱《さいせんばこ》

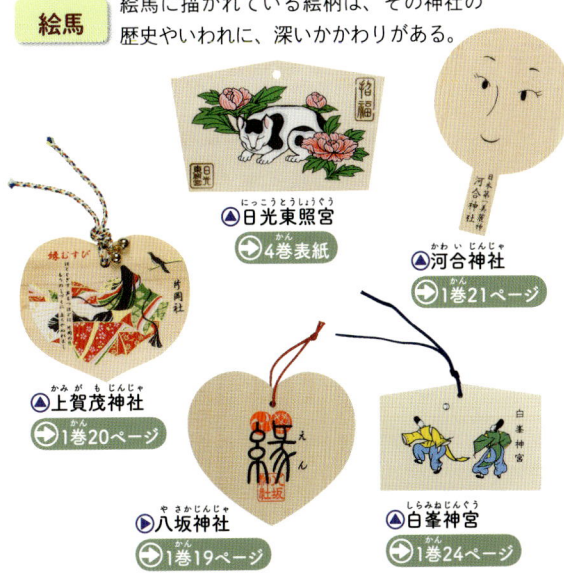

祭り

祭りは、神仏《しんぶつ》や祖先《そせん》を祀《まつ》る儀式《ぎしき》で、決まった日にお供《そな》え物をささげて祈願《きがん》や慰霊《いれい》などを行う。

長い歴史をもつ祭りを見学すると、その地方に伝わる神話や、独自《どくじ》の風習を知ることができる。京都の葵祭《あおいまつり》のように当時の服装《ふくそう》でねり歩く行列もあるので、古い時代の暮《く》らしぶりを知るヒントにもなる。

全国の有名な祭り

1月	十日戎《とおかえびす》(大阪府今宮戎神社《おおさかふいまみやえびすじんじゃ》)	7月	祇園祭《ぎおんまつり》(京都府《きょうとふ》)
2月	さっぽろ雪《ゆき》まつり(北海道《ほっかいどう》)	8月	青森《あおもり》ねぶた祭《まつり》(青森県《あおもりけん》)
3月	東大寺修二会《とうだいじしゅにえ》(奈良県《ならけん》)	9月	おわら風《かぜ》の盆《ぼん》(富山県《とやまけん》)
4月	信玄公祭《しんげんこうまつ》り(山梨県《やまなしけん》)	10月	長崎《ながさき》くんち(長崎県《ながさきけん》)
5月	浜松《はままつ》まつり(静岡県《しずおかけん》)	11月	唐津《からつ》くんち(佐賀県《さがけん》)
6月	チャグチャグ馬《うまっ》コ(岩手県)	12月	秩父夜祭《ちちぶよまつり》(埼玉県《さいたまけん》)

葵祭《あおいまつり》(京都府《きょうとふ》)

◀下鴨神社《しもがもじんじゃ》(1巻《かん》21ページ)と上賀茂神社《かみがもじんじゃ》(1巻《かん》20ページ)の祭りで、5月15日に行われる。およそ500人が平安貴族《へいあんきぞく》の姿《すがた》で8kmの道のりを歩く。行列の後、それぞれの神社では神馬《しんめ》のひき回しや、舞《まい》の奉納《ほうのう》が行われる。

平城京天平祭《へいじょうきょうてんぴょうさい》(奈良県《ならけん》)

◀奈良県奈良市《ならけんならし》にある平城宮跡《へいじょうきゅうせき》(2巻《かん》8ページ)で、春と夏か秋の2回行われる(3回のこともある)。奈良時代《ならじだい》の衣服に身をつつみ、平城京《へいじょうきょう》遷都《せんと》を再現《さいげん》した「天平行列《てんぴょうぎょうれつ》」が見ものだ。

三社祭《さんじゃまつり》(東京都《とうきょうと》)

◀浅草神社《あさくさじんじゃ》(3巻《かん》17ページ)を中心に5月に3日間行われ、約150万人の観光客が訪《おとず》れるという東京《とうきょう》最大級《さいだいきゅう》の祭り。浅草神社《あさくさじんじゃ》に「本社神輿《ほんしゃみこし》」が出入りする「宮出《みやだ》し」「宮入《みやい》り」では、熱狂的《ねっきょうてき》に盛《も》り上がる。

鎌倉《かまくら》まつり(神奈川県《かながわけん》)

◀毎年4月に鎌倉市《かまくらし》で行われる。鶴岡八幡宮《つるがおかはちまんぐう》(4巻《かん》24ページ)では、源義経《みなもとのよしつね》の恋人《こいびと》だった静御前《しずかごぜん》の伝説《でんせつ》の雨乞《あまご》いを再現《さいげん》した「静《しずか》の舞《まい》」、馬を走らせながら矢を射《い》る流鏑馬《やぶさめ》が行われる。

長崎《ながさき》ランタンフェスティバル(長崎県《ながさきけん》)

▲長崎新地中華街《ながさきしんちちゅうかがい》(5巻《かん》13ページ)の人たちが、旧正月《きゅうしょうがつ》を祝うためにはじめた。市内中心部には、さまざまな形をした約1万5000個《こ》の中国《ちゅうごく》提灯《ちょうちん》「ランタン」が飾《かざ》られる。超大型《ちょうおおがた》ランタンはとくに見ものだ。

沖縄全島《おきなわぜんとう》エイサーまつり(沖縄県《おきなわけん》)

▲旧暦《きゅうれき》8月に沖縄市《おきなわし》で行われる。沖縄《おきなわ》の伝統的《でんとうてき》な「エイサー」(6巻《かん》35ページ)をさまざまなグループが踊《おど》り、街《まち》をねり歩く。グループごとにくふうをこらしたエイサーでもり上がる。3日間で、全国から30万人が訪《おとず》れる。

源頼朝《みなもとのよりとも》（1147～1199年）

4巻《かん》15・20～25・27ページなど

鎌倉幕府《かまくらばくふ》の初代将軍《しょだいしょうぐん》。

1159年の平治《へいじ》の乱《らん》で平清盛率《たいらのきよもりひき》いる平氏《へいし》に敗《やぶ》れた後、伊豆《いず》に流された。1180年、平氏討伐《へいしとうばつ》の兵をあげ、鎌倉《かまくら》を本拠《ほんきょ》として関東地方に勢力《せいりょく》を伸《の》ばしてゆく。

弟の源義経《みなもとのよしつね》、範頼《のりより》の軍が1185年壇ノ浦《だんのうら》の戦いで平氏《へいし》を滅亡《めつぼう》させた。その後、反乱《はんらん》を企《くわだ》てたとして、弟義経《おとうとよしつね》を自害に追いこみ、義経《よしつね》をかくまった奥州《おうしゅう》藤原氏《ふじわらし》を滅《ほろ》ぼした。鎌倉《かまくら》（神奈川県《かながわけん》）に武家政権《ぶけせいけん》である鎌倉幕府《かまくらばくふ》を開いた。

神奈川県鎌倉市《かながわけんかまくらし》にある源頼朝《みなもとのよりとも》ゆかりの地	4巻掲載《かんけいさい》ページ
源氏山公園《げんじやまこうえん》	22ページ
白旗神社《しらはたじんじゃ》	23ページ
勝長寿院跡《しょうちょうじゅいんあと》	23ページ
大蔵幕府跡《おおくらばくふあと》	23ページ
鶴岡八幡宮《つるがおかはちまんぐう》	24ページ

民家

1巻41ページ、2巻15ページ、6巻30ページ

民家とは、「一般《いっぱん》の人々が暮《く》らす家」のことだが、伝統的《でんとうてき》なつくりの民家（古民家《こみんか》）を見学できることもある。民家は、町家《まちや》（町中に建つ民家）と農家（農山村や漁村の家）に大きく分けられる。

町家《まちや》は、京都で発達した「表屋造《おもてやづくり》」が江戸時代初《えどじだいしょ》期《き》から流行し、全国に広まった。江戸時代中期《えどじだいちゅうき》には、防火《ぼうか》の観点から、土蔵《どぞう》に似《に》た「塗屋造《ぬりやづくり》」が広がった。

農家では、世界遺産《せかいいさん》にもなった富山県南砺市五箇《とやまけんなんとしごか》山《やま》の古民家《こみんか》のように、地方ごとに気候《きこう》や暮《く》らし方にあわせて独自《どくじ》の形が発達している。

◀富山県南砺市《とやまけんなんとし》の村上家住宅《むらかみけじゅうたく》。屋根が合掌《がっしょう》したような形をした「合掌造《がっしょうづくり》」の古民家《こみんか》。

◀赤い瓦屋根《かわらやね》が特《とく》徴的《ちょうてき》な沖縄県《おきなわけん》の中《なか》村家住宅《むらけじゅうたく》。

名物料理

1・2・3・4巻《かん》38・39ページ、5・6巻《かん》36～39ページ

それぞれの地域《ちいき》に昔から伝わる料理。岩手県久慈《くじ》地方《ちほう》の「まめぶ汁《じる》」のようにテレビで取り上げられ、一躍《いちやく》観光の目玉になることもある。そのため、各地で「町おこし」の一環《いっかん》として、地域《ちいき》の郷土料理《きょうどりょうり》を見直し、「ご当地グルメ」として売り出している。

▲奈良県《ならけん》の飛鳥鍋《あすかなべ》

2巻《かん》5ページ

▲沖縄《おきなわ》のラフテー

6巻《かん》5ページ

ら

ラムサール条約《じょうやく》

4巻《かん》16・17ページ

正式な名前が「特に水鳥の生息地《せいそくち》として国際的《こくさいてき》に重要な湿地《しっち》に関する条約《じょうやく》」という国際条約《こくさいじょうやく》。1971年に、イランのラムサールで採択《さいたく》されたことからこの通称《つうしょう》でよばれている。水辺の自然や生態系《せいたいけい》を守ることを目的としていて、条約加盟国《じょうやくかめいこく》は、計画を立て、保護区《ほごく》を指定する。

日本は1980（昭和55）年に加盟《かめい》し、栃木県日光《とちぎけんにっこう》市《し》の「奥日光《おくにっこう》の湿原《しつげん》」など、2018年4月現在《げんざい》50か所が登録《とうろく》されている。

琉球王国《りゅうきゅうおうこく》

6巻《かん》8～15ページなど

今の沖縄県《おきなわけん》に、1429～1879年までの450年間続いた王制《おうせい》の国。尚巴志《しょうはし》（26ページ）が建国。1879年３月、廃藩置県《はいはんちけん》により、沖縄県《おきなわけん》になった。

わ

和食《わしょく》

日本料理。2013年12月、和食が日本人の伝統的《でんとうてき》な食文化としてユネスコ無形文化遺産《むけいぶんかいさん》に登録された。

全巻《ぜんかん》さくいん

名所さくいん

1～6巻《かん》に出てくる名所を集めました。数字は、説明がのっている巻《かん》とページです。

さ

た

な

は

徳川家光《とくがわいえみつ》…… 1巻12・31・33、3巻17〜19・21・22、4巻5・7〜12・14、7巻31
徳川家康《とくがわいえやす》…… 1巻7・31・33、3巻6・16・18・19・21・22・42、4巻4〜12・15、7巻31・35
徳川秀忠《とくがわひでただ》…… 3巻17・22、4巻13・42
徳川吉宗《とくがわよしむね》…… 4巻42、5巻11
特別史跡《とくべつしせき》…… 1・2・3・4・5・6巻2、7巻32
特別名勝…… 1・2・3・4・5・6巻2、7巻32
豊臣秀吉《とよとみひでよし》…… 1巻7・17・30〜32、2巻32、4巻5・8・15、5巻14・15・35、7巻31・35

な

永井隆《ながいたかし》…… 5巻27
中臣鎌足《なかとみのかまたり》(藤原鎌足《ふじわらのかまたり》)…… 2巻13・26・27・31
中大兄皇子《なかのおおえのおうじ》(天智天皇《てんじてんのう》)…… 2巻23・26・27・31
中原中也《なかはらちゅうや》…… 4巻37
夏目漱石《なつめそうせき》…… 4巻37
奈良《なら》の大仏《だいぶつ》(盧舎那仏《るしゃなぶつ》)…… 2巻10・11、7巻32
新島襄《にいじまじょう》…… 1巻37
錦市場《にしきいちば》…… 1巻39
人形浄瑠璃《にんぎょうじょうるり》…… 2巻37
眠《ねむ》り猫《ねこ》…… 4巻11

は

萩原朔太郎《はぎわらさくたろう》…… 4巻37
白鳳文化《はくほうぶんか》…… 2巻14
パンダのポスト…… 3巻22
東山文化《ひがしやまぶんか》…… 1巻15
左甚五郎《ひだりじんごろう》…… 4巻11
卑弥呼《ひみこ》…… 2巻24
藤原京《ふじわらきょう》…… 2巻4・14・23・29
藤原不比等《ふじわらのふひと》…… 2巻13
藤原道長《ふじわらのみちなが》…… 1巻6・11
仏像《ぶつぞう》(観音像《かんのんぞう》・大仏《だいぶつ》など)…… 1巻29、2巻10・11・13・20・26、4巻32・33、7巻32
フビライ・ハン…… 5巻34
フランシスコ・ザビエル…… 5巻14・15・43、7巻28
文化財保護法《ぶんかざいほごほう》…… 2巻19、7巻32
文化のうつり変わり…… 7巻33
文明開化《ぶんめいかいか》…… 3巻6・24〜27
平安京《へいあんきょう》…… 1巻6・19、5巻33
平城京《へいじょうきょう》…… 2巻6・8・29、5巻33
鳳凰《ほうおう》…… 1巻14・17、7巻33
方言…… 1巻41、2巻41・43、5巻43、6巻43、7巻34
北条時宗《ほうじょうときむね》…… 4巻22・26・43、5巻34
北条時頼《ほうじょうときより》…… 4巻26・27
北条政子《ほうじょうまさこ》…… 4巻24・28・41
北条泰時《ほうじょうやすとき》…… 4巻32・34・43
菩薩半跏像《ぼさつはんかぞう》(奈良県中宮寺《ならけんちゅうぐうじ》)…… 2巻20、7巻32

ま

祀《まつ》られている神…… 7巻35
祭り…… 1巻19・29、5巻12・13・35・43、6巻35、7巻36
マリンスポーツ…… 6巻22・23・25
マングローブ…… 6巻27
万葉集《まんようしゅう》…… 2巻5・43、4巻31
三島由紀夫《みしまゆきお》…… 4巻34
御堂関白記《みどうかんぱくき》…… 1巻11、7巻27
源 実朝《みなもとのさねとも》…… 4巻23〜26・41
源 義経《みなもとのよしつね》…… 4巻25・30・33
源 頼朝《みなもとのよりとも》…… 1巻6、3巻16、4巻15・20〜25・27・33・35・42・43、7巻27・37
民家…… 1巻41、2巻15、6巻30・32、7巻37
無形文化遺産《むけいぶんかいさん》…… 2巻37、7巻30
紫式部《むらさきしきぶ》…… 1巻6・20・26・28
室町幕府《むろまちばくふ》…… 1巻6、4巻21・28
明治維新《めいじいしん》…… 1巻7・37、3巻6、5巻13・20・21、6巻7
名勝…… 1・2・3・4・5・6巻2、7巻32
名物料理…… 1・2・3・4巻38・39、5・6巻36〜39、7巻37
桃山文化《ももやまぶんか》…… 1巻17、7巻33

や

安井道頓《やすいどうとん》…… 2巻34
邪馬台国《やまたいこく》…… 2巻24
大和政権《やまとせいけん》(大和朝廷《やまとちょうてい》)…… 2巻4
ヤンバルクイナ…… 6巻29

ら

ラムサール条約《じょうやく》…… 4巻4・16・17、7巻37
琉球王国《りゅうきゅうおうこく》…… 6巻5・6・8〜15・31・32・34・42・43、7巻37
臨済宗《りんざいしゅう》…… 4巻28、7巻26
路面電車…… 1巻43、3巻43、5巻6

わ

和食…… 7巻37

指導　中込友則（東京都新宿区立牛込第三中学校校長）

本文イラスト　メイヴ、辻ヒロミ（p4）、うめだふじお（p23, 26, 35）
小池菜々恵（p17, p20・オフィス303）、鈴木茉莉（p32・オフィス303）
装丁デザイン　倉科明敏・林 淳介（T.デザイン室）
企画・編集　渡部のり子・山崎理恵・西塔香絵（小峰書店）
常松心平・古川貴恵・飯沼基子・一柳麻衣子・
本橋りの・中根会美（オフィス303）
本文デザイン　淺田有季（オフィス303）
写真撮影　土屋貴章（オフィス303）

取材・写真協力
鎌倉市観光協会／京都府京都文化博物館／シヤチハタ株式会社／太宰府天満宮／二条城／photolibrary／三菱鉛筆株式会社／ライフ株式会社／龍安寺

事前学習に役立つ　みんなの修学旅行　事前・事後学習ガイド

2014年4月14日　第1刷発行　　2018年5月15日　第2刷発行

指導　中込友則
発行者　小峰紀雄
発行所　株式会社小峰書店
〒162-0066東京都新宿区市谷台町4-15
TEL03-3357-3521　FAX03-3357-1027
http://www.komineshoten.co.jp/
印刷・製本　図書印刷株式会社

NDC 374　44p　27×19cm　ISBN978-4-338-28407-3

各地の名物料理

その土地の名産物を使った
名物の数々。旅行先で、
ぜひ味わってみましょう!

奈良《なら》

柿《かき》の葉《は》で包んだ、
柿《かき》の葉《は》寿司《ずし》

沖縄《おきなわ》

豚《ぶた》のあばら肉を
使ったソーキそば

福岡《ふくおか》

とんこつスープが決
め手の博多《はかた》ラーメン

長崎《ながさき》

海鮮《かいせん》や肉、野菜
がたっぷりの
ちゃんぽん